Pilgerwege

Lourdes

Irmgard Jehle

HEINRICHS-VERLAG GMBH
Bayerische Verlagsanstalt Bamberg

Titelbild: Blick auf die Obere Basilika. **Umschlagrückseite:** Das Ende der Lichterprozession auf der nächtlichen Esplanade.

Mit kirchlicher Druckerlaubnis
Bamberg, 2. Juli 2009, Nr. 539/2009
Georg Kestel, Generalvikar

Der Umwelt zuliebe   Gedruckt auf 100 % clorfrei gebleichten Papier

2. Auflage 2012
© 2009, Heinrichs-Verlag GmbH, Bayerische Verlagsanstalt
Bamberg und Bayerisches Pilgerbüro München
Alle Rechte der Vervielfältigung und Verbreitung, einschließ-
lich Film, Funk, Fernsehen und sonstiger elektronischer Me-
dien sowie der Fotokopie und des auszugsweisen Nachdrucks
vorbehalten
Text: Irmgard Jehle, Engelbert Siebler, Uwe Barzen und Baye-
risches Pilgerbüro
Fotos: Bayerisches Pilgerbüro München
Karte: cartomedia, Angelika Solibieda, Karlsruhe
Satz und Gestaltung: Bayerische Verlagsanstalt Bamberg
Druck und Bindung: Haßfurter Medienpartner GmbH & Co. KG,
Haßfurt am Main
Printed in Germany
ISBN 978-3-89889-148-6

INHALTSVERZEICHNIS

Inhaltsverzeichnis

Lieder der Pilger

Inhaltsverzeichnis

Statue von Bernadette in der Burg von Lourdes

Am 11. Februar 1858 erschien an der Grotte von Massabielle dem Mädchen Bernadette Soubirous die Gottesmutter. Zum 150. Jahrestag der Erscheinungen besuchte am 12. September 2008 der Heilige Vater Papst Benedikt XVI. Lourdes. Hunderttausende Pilger versammelten sich zu diesem Anlass an den heiligen Stätten zu Füßen der Pyrenäen. Es war ein ergreifender Augenblick, als der Heilige Vater allein vor der Erscheinungsgrotte

kniete und schweigend betete. Die Menschen am Platz vor der Grotte, an der Esplanade und auf dem Rosenkranzplatz verharrten in absoluter Ruhe. Jetzt hat Lourdes seine Bestimmung erlebt: Ort des Gebetes.

Im Jahr 2006 besuchte der Heilige Vater seine bayerische Heimat. Dieser Besuch stand unter dem Motto: „Wer glaubt, ist nicht allein." Dieses Wort des Papstes findet seine Bestätigung in Lourdes. Viele Kranke, körperlich und seelisch Leidende, kommen nach Lourdes. Sie werden hier nicht geheilt, aber sie erfahren hier Gemeinschaft und sehen das Leiden vieler anderer: Sie sind nicht allein. Sie erfahren Aufmerksamkeit, Anerkennung, Solidarität, ja Bevorzugung. Ich kenne keinen Ort der Erde, an dem Kranken solche Wertschätzung zuteil wird wie in Lourdes. Aber es sind nicht nur Kranke, die hier Gemeinschaft finden, es kommen Soldaten, Ordensschwestern, Jugendliche, Familien: Alle beten sie zur Gottesmutter in ihren Anliegen und tragen ihr die vielen Sorgen vor, welche ihnen die Angehörigen anvertraut haben. Wie immer die Wallfahrer anreisen – mit dem Bus, Flugzeug oder im Zug – eines verbindet sie alle: Maria möge Fürbitte einlegen, dass ihr Leben und das Leben ihrer Angehörigen gelingt. Jeder gliedert sich in die große Gebetsgemeinschaft ein, wird von einer Atmosphäre der Heiterkeit und der Aufmerksamkeit getragen.

In Lourdes legen die Verantwortlichen besonderen Wert auf die gediegene Gestaltung festlicher Gottesdienste mit modernen Mitteln. Die Sakramentsprozession, die Lichterprozession, der Internationale Gottesdienst in der Unterirdischen Basilika St. Pius X. geben dem Wallfahrtstag den bestimmenden Rhythmus. Ein eigenes Programm bietet das Jugenddorf (Village des Jeunes) neben der Cité Saint Pierre, die jährlich von mehreren tausend Jugendlichen aus aller Welt besucht wird. In Lourdes erleben die Pilger die Weite und die Vielfalt der Weltkirche. Sie lernen in den verschiedenen Aktionen und Feiern die Kirche zu lieben.

Vor 25 Jahren schrieb der Bamberger Weihbischof Werner Radspieler die erste Ausgabe der „Lourdes – Pilgerwege". Sein Pilgerbüchlein hat Tausenden von Pilgern geholfen, die Botschaft von Lourdes zu verstehen, dort zu beten und Gottesdienst zu feiern; er hat ihnen einen wichtigen seelsorgerlichen Dienst erwiesen. Werner Radspieler ist Dank und Anerkennung für sein Werk zu sagen. Das vorliegende Pilgerbüchlein möchte den Erfolg seines Vorgängers weiterführen.

Der Evangelist Lukas berichtet von der Wallfahrt des zwölfjährigen Jesus nach Jerusalem. (Lk 2,41 – 52) Nach seinem Bericht war es in der Heiligen Familie fester Brauch, jährlich auf Wallfahrt zu gehen. Wohl hatte die Hl. Familie kein Wallfahrtsbüchlein, aber man beherrschte die Psalmen, besonders die Wallfahrtspsalmen, auswendig. Mit der Pilgergruppe hat man sie gesungen. Der bekannteste Wallfahrtspsalm ist der Psalm 122. Er beginnt so: Ich freute mich, als man mir sagte: „Zum Haus des Herrn wollen wir pilgern." So wünsche ich allen Pilgern nach Lourdes die Freude, von welcher der Psalm spricht. Seien wir froh und dankbar, dass uns die Gelegenheit gegeben ist, nach Lourdes zu pilgern! Seien wir dankbar für die Stärkung unseres Glaubens, die wir in der Gebetsgemeinschaft von Lourdes erhoffen dürfen! Vergessen wir die Verwanden und die Freunde in der Heimat nicht, für die zu beten wir uns vorgenommen haben!

München, 15. August 2009
Engelbert Siebler,
Weihbischof
Präsident des Bayerischen Pilgerbüros

Blick über den Gave auf die Basilika von Lourdes

> *„Die verborgene Begegnung mit Bernadette und mit der Jungfrau Maria kann ein Leben verändern, denn sie sind an diesem Ort Massabielle gegenwärtig, um uns zu Christus zu führen, der unser Leben, unsere Kraft und unser Licht ist"*
>
> BENEDIKT XVI.

Lourdes, eine Kleinstadt am Fuße der Pyrenäen wie es viele davon gibt; doch eine Stadt deren Geschichte weit zurückreicht: Gallier, Römer, Mauren, Engländer, Franzosen hatten sich hier an diesem strategisch wichtigen Ort niedergelassen. Die Burg hoch auf dem Felsen legt von der großen Vergangenheit Zeugnis ab.

Im Jahr 778 hatte Karl der Große versucht, die Burg, die vom Maurenfürsten Mirat besetzt war, zu erobern – ein schier unmögliches Unterfangen. Also sollte die Festung ausgehungert werden. Als eines Tages ein Adler über der Burg einen Fisch fallen ließ, warf der listige Mirat den Fisch über die Mauern, um den Belagerern anzudeuten, dass noch genug Nahrung vorhanden sei. Karl wollte schon die Belagerung aufgeben, als der Bischof von Le Puy eine Unterredung erbat. Er schlug Mirat vor, sich nicht Karl dem Großen zu ergeben, sondern Maria, der Mutter Jesu, die auch er als Muslim sehr verehrte. Und Mirat willigte ein: Er legte seine Waffen nieder und ließ sich vom Bischof taufen. Dabei nahm er den Namen Lorus an, woraus später der Name der Stadt entstand: Lourdes.

Im 19. Jahrhundert war von der einstigen Bedeutung der Stadt nichts mehr zurückgeblieben. Der Bigorre, die Region, in der Lourdes liegt, gehörte zu den ärmsten Frankreichs. Lourdes war eine unbedeutende

Eine Kleinstadt am Fuß der Pyrenäen

Stadt mit einer Präfektur, einer Poststation und einigen Hotels für die Reisenden, die dort eine Nacht auf dem Weg zu den Kurorten der Pyrenäen verbrachten. Der wöchentliche Markttag belebte den ruhigen Alltag der Stadt. Nur die wenigsten hatten Vorteile durch die aufkommende Industrialisierung. Immer mehr der 4.000 Einwohner rutschten in die Armut: Steinbrucharbeiter, Bauern, Handwerker, Gastarbeiter aus dem nahen Spanien, Tagelöhner ...

Auch heute noch ist Lourdes eine Kleinstadt mit ca. 15.000 Einwohnern, aber sie wurde zu einem der großen Zentren des Christentums und unaufhörlich kommen Pilger an diesen Ort, der untrennbar mit dem Mädchen Bernadette Soubirous verbunden ist, der 18 Mal die Gottesmutter erschien.

Blick von der Burg auf den Heiligen Bezirk.

Bernadette Soubirous (1844 – 1879):
„Es genügt zu lieben ..."

Bernadettes Kindheit (1844 – Januar 1858): Von der „Mühle des Glücks in das Elend des Cachots"

Seit Generationen hatte die Familie Castérot die Mühle Boly zu Füßen der alten Burg gepachtet. Die Mühle sicherte den Lebensunterhalt der Familie und verschaffte ihr soziales Ansehen. Die Heirat des Müllerknechtes François Soubirous mit der ältesten Tochter Bernarde sollte den Fortgang des Familienunternehmens sichern. Doch François verliebte sich in die jüngere Louise und heiratete sie. Ein Jahr später, am 7. Januar 1844 wurde ihr erstes Kind geboren und zwei Tage später in der Pfarrkirche getauft: nach ihrer Patentante Bernarde wurde das zarte Mädchen Bernadette, die kleine Bernarde, genannt. Louise bekam noch acht weitere Kinder, von denen nur drei das Erwachsenenalter erreichten.

Bernadette war gerade elf Monate alt, als sich Louise bei einem Unfall die Brust so schwer verbrannte, dass sie das Kind nicht mehr stillen konnte. Marie Laguès, eine Kundin der Mühle hatte gerade ihr Kind verloren und stellte sich als Amme für Bernadette zur Verfügung. Sie nahm sie mit nach Bartrès, ein Dorf bei Lourdes. So oft François konnte, besuchte er seine Tochter. Bernadette war schon zwei Jahre alt, als ihr Vater sie wieder zu ihrer Familie zurückholte, wo sie in Geborgenheit aufwachsen konnte. Es waren glückliche Jahre, doch die Familie war vom Pech verfolgt. Und als Älteste bekam Bernadette viel von den Problemen ihrer Familie mit: Der langsame Abstieg in die Armut begann. Die Zeiten wurden schwieriger durch die Konkurrenz der

Bernadette
Soubirous

Mühlen untereinander und der neuen mechanischen
Mühlen, die schneller und billiger arbeiteten. Meh-
rere Missernten und Epidemien suchten Lourdes
heim. Es herrschte eine solche Hungersnot, dass die
Regierung kostenlos Mehl verteilen ließ. Für die
Mühlen gab es keine Arbeit mehr. François musste
sich als Tagelöhner verdingen. Bei einem Unfall hatte
er ein Auge verloren, was seine Arbeitskraft ein-
schränkte; so war es noch schwieriger, Arbeit zu finden, zumal es mehr Arbeiter als Arbeit gab. Anstelle
zur Schule zu gehen, musste Bernadette sich um ihre
drei Geschwister kümmern, während ihre Mutter
versuchte, als Wäscherin etwas zu verdienen. Bernadette war gerade zehn Jahre alt, als die Familie die
Pacht nicht mehr bezahlen konnte und die Mühle

verlassen musste. Dreimal zogen die Soubirous in den nächsten zwei Jahren um, immer ärmlicher wurde ihre Unterkunft, bis sie schließlich überhaupt keine Miete mehr bezahlen konnte. Zur finanziellen Not kam die Sorge um Bernadette, die seit ihrem 6. Lebensjahr an Asthma litt. Als die Cholera in Lourdes wütete, überlebte das Mädchen zwar, aber ihre Gesundheit blieb zeitlebens angegriffen.

1856 war die Familie so arm, dass Bernadettes kleiner Bruder eines Tages erwischt wurde, wie er in der Kirche vor lauter Hunger die Reste abgebrannter Kerzen aß. Auf Vermittlung von Sajous, einem Verwandten, kamen sie im Cachot unter, dem ehemaligen Gefängnis der Stadt: ein dunkles, feuchtes Loch, kaum 16 Quadratmeter, in dem sechs Menschen ein Zuhause finden sollten – die Eltern mit ihren vier Kindern Bernadette, Toinette, Jean-Marie und Justin. Das Cachot stand schon seit einigen Jahren leer, da aus humanitären Gründen ein neues Gefängnis gebaut worden war. Die Soubirous jedoch hatten keine Wahl, wenn sie nicht auf der Straße stehen wollten. Das ganze Mobiliar bestand aus einem Tisch, drei Betten, einigen Stühlen, einer kleinen Truhe mit den wenigen Habseligkeiten. François wurde sogar des Mehldiebstahls beschuldigt und für eine Woche ins Gefängnis gesperrt. Es gab keine Beweise, allein die Armut der Familie reichte, um ihn zu beschuldigen. Der Dieb wurde schließlich gefasst, aber der Makel, im Gefängnis gewesen zu sein, blieb. Die Familie war jetzt auch sozial ganz unten, aber nicht ohne Hoffnung. Sie hielt in den schweren Zeiten zusammen und stützte sich gegenseitig. Sajous, der über den Soubirous wohnte, berichtet, wie liebevoll sie miteinander umgingen, und dass er sie oft zusammen beten hörte. Bernadette lernte damals in ihrer Familie einen Glauben kennen, der auch durch schwere Zeiten trug und ihr Gottesbild prägte: *„Wenn mein Vater schon so gut ist, wie gut muss dann erst Gott sein, den ich Vater nennen darf"*, sagte sie Jahre später.

Es war demütigend für François, seine Familie nicht mehr ernähren zu können und mit ansehen zu müssen, wie sich in dieser ungesunden Umgebung Bernadettes Gesundheit noch verschlechterte. So nahm Bernarde über den Winter ihr Patenkind bei sich auf; sie sollte im Haushalt und in der Schenke mithelfen. Bernadette war schon dreizehn Jahre alt und konnte immer noch nicht lesen und schreiben – aber sie musste mitarbeiten, für Schule war keine Zeit.

Die Soubirous wohnten schon über ein Jahr im Cachot, als wieder ein Winter anstand. Bernadettes ehemalige Amme Marie Laguès wollte sie bei sich aufnehmen. Dafür sollte sie die Kinder betreuen, in Haus und Hof helfen und die Schafe hüten. So ging Bernadette im November 1857 erneut nach Bartrès, damit ihre Familie *„einen Mund weniger zu stopfen hätte"*. Doch ihr Leben in Bartrès war hart und einsam, und wegen der vielen Arbeit konnte sie nicht zum Katechismusunterricht gehen, der unabdingbare Voraussetzung für die Zulassung zur Kommunion war. Marie Laguès hatte zwar versprochen, Bernadette zu unterrichten, aber das ging nicht lange gut: Bernadette sprach nur das Bigourdan ihrer Heimat, und der Katechismus war in der ihr fremden französischer Sprache geschrieben. Sie verstand die Formulierungen nicht, und Marie Laguès hatte nicht die Geduld, sie ihr zu erklären. Mit den Worten *„du bist zu dumm und wirst nie zur Erstkommunion gehen"*, brach sie den Unterricht ab. Als schließlich auch der

Gemeindepfarrer Abbé Ader Bartrès verließ, war die Erstkommunion in weite Ferne gerückt, und es gab auch keinen Sonntagsgottesdienst mehr.

Bernadette fiel die Trennung von ihrer Familie schwer. Und ihr Wunsch, zur Erstkommunion zu gehen, war stärker, als die Sicherheit einer warmen Unterkunft und ausreichend zu Essen. Sie entschloss sich im Januar 1858, in das Elend des Cachot zurückzukehren, in die Geborgenheit ihrer Familie.

Gleich nach ihrer Rückkehr ging Bernadette wegen ihrer Zulassung zur Erstkommunion zu Pfarrer Peyramale. Doch der blieb hart: Sie musste regelmäßig den Katechismusunterricht besuchen. Um Lesen und Schreiben zu lernen, sollte sie in die kostenlose Armenschule gehen, die die Schwestern der Nächstenliebe in Lourdes unterhielten – das geschah drei Wochen vor der ersten Erscheinung.

Die Zeit der Erscheinungen
(11. Februar – 16. Juli 1858): *„Die Gottesmutter hat mich erwählt, weil sie keine ärmere gefunden hat"*

Zurück bei ihrer Familie erlebte Bernadette, dass Armut und Würde sich nicht ausschließen müssen. Die Familie hielt zusammen, war füreinander da und fand Halt im Glauben. In dieser Situation brach Bernadette an jenem kalten 11. Februar mit ihren zwei Begleiterinnen auf, um unten am Gave-Fluss Holz zu sammeln. Das dort angeschwemmte Holz gehörte niemandem, das konnten sich die Armen holen, ohne dass sie des Diebstahls verdächtigt wurden.

Nichts deutete darauf hin, dass dieser Tag alles verändern würde: Es war das erste Mal, dass Bernadette *„aqueró"* („diese" im Dialekt des Bigorre) erschien. Bernadette war zunächst verwirrt, sie erzählte nur ihren Begleiterinnen von dem Widerfahrnis. Die konnten das nicht für sich behalten, und schnell verbreitete sich die Nachricht in der Stadt: Die Soubirous gerieten ins Gerede, wieder einmal – Außenseiter waren sie ohnehin schon wegen ihrer Armut, der menschenunwürdigen Unterkunft und dann noch die Gerüchte um den Mehldiebstahl. Dabei wollten sie kein Aufsehen erregen, denn die Angst vor den Behörden saß noch tief in der Erinnerung an die Verhaftung des Vaters. Deshalb verboten sie Bernadette, nochmals zur Grotte zu gehen. Doch das Mädchen beharrte auf ihrem Wunsch, auch Drohungen und Verleumdungen konnten sie nicht abhalten, das Versprechen einzuhalten, das sie *„aqueró"* gegeben hatte, nämlich vierzehn Tage zur Grotte zu kommen. Einige hielten Bernadette für eine Lügnerin, die sich nur wichtig machen wollte oder Vorteile für ihre Familie suchte. Doch im Gegenteil, sie lehnte jede finanzielle Zuwendung ab und ließ sich nicht beirren. Sie war keine schwache Persönlichkeit. Sie zeigte Durchsetzungsvermögen, wenn es nötig war, konnte sich aber auch zurücknehmen. Ohne Eigeninteresse gab sie nur das weiter, was sie tatsächlich erlebt hatte: *„In mir war etwas, das mich alles überwinden ließ."* Sie hielt dem Druck der zahlreichen Verhöre durch die staatlichen Behörden stand: *„Ich bin nicht beauftragt, sie zu überzeugen, sondern es ihnen zu sagen."* Unterstützung gab dem Mädchen ihr Beichtvater Abbé Pomian, der ihr riet, ihrem Gewissen zu folgen. Später bestätigte er: *„Der beste Beweis für die Wahrheit der Erscheinungen ist Bernadette selbst."* Sie hielt sich nicht für besser als die anderen: *„Die heilige Jungfrau hat mich erwählt, weil sie keine ärmere gefunden hat."*

Die Zeit der Erscheinungen

Am schwierigsten war der Weg ins Pfarrhaus. Pfarrer Peyramale war gefürchtet wegen seiner Strenge und seiner Wutausbrüche – und Bernadette hatte sie zu spüren bekommen, als er sie mehrfach hinauswerfen ließ. Er stand den Ereignissen an der Grotte skeptisch gegenüber und hatte seinen Priestern verboten, dorthin zu gehen. Dennoch war er genau informiert, und er spürte die Veränderungen in seiner Gemeinde: Mehr Menschen gingen zur Beichte und zu den Gottesdiensten, die Hilfsbereitschaft hatte zugenommen. Und im Einvernehmen mit dem Bischof bestätigt er: *„An der Grotte wird gebetet, und das Gebet kann niemals eine Gefahr sein."*

Als Bernadette dem Pfarrer schließlich den Namen der Erscheinung nannte, war er überzeugt: Das Mädchen hat wirklich die Gottesmutter gesehen. Er wurde zu ihrem Beschützer, vor allem gegen den ständigen Druck der staatlichen Behörden, die ihr Unruhestiftung vorwarfen und sie sogar in eine psychiatrische Anstalt einweisen wollten. So ließ Pfarrer Peyramale das Mädchen zur Erstkommunion zu, obwohl sie den Katechismus noch immer nicht beherrschte. Jeder der sah, wie sie das Kreuzzeichen machte, war beeindruckt und spürte, dass Glaube für sie nicht die abstrakten Formulierungen des Katechismus waren, sondern eine lebendige Erfahrung. *„Sie weiß nichts, aber sie versteht alles. Alles entwickelt sich in ihr auf ganz erstaunliche Weise"*, schrieb der Pfarrer in sein Tagebuch. Als sie nach ihrer Erstkommunion am 3. Juni 1858 im Hospiz gefragt wurde, was für sie denn wichtiger gewesen sei, die Erscheinungen oder der Empfang der Kommunion, antwortete sie: *„Das sind zwei Dinge, die zusammengehören, die man aber nicht vergleichen kann. Ich war bei beiden sehr glücklich."* Gegen die damals übliche

Praxis bekam Bernadette sogar die Erlaubnis, mehrmals in der Woche die Kommunion zu empfangen. Ihren Mitschwestern fiel auf, dass ihr Gesicht dann jedesmal ebenso leuchtete wie bei den Erscheinungen.

Die Jahre in Lourdes nach den Erscheinungen
(1858–1866): *„Ich habe Christus vor allem in den Kranken und in der Eucharistie gefunden"*

Mit dem Ende der Erscheinungen begann für Bernadette ein neuer Lebensabschnitt, in dem sie Zeugnis ablegte für das, was sie in der Grotte erlebt hatte, es waren Jahre der Orientierung und Vorbereitung für ihr späteres Leben als Ordensfrau.

Ihr Leben war nicht einfacher geworden. Die Familie lebte immer noch in großer Armut, dazu kamen unaufhörlich Menschen zum Cachot, die sie sehen, berühren oder ein Souvenir von ihr haben wollten. Diese öffentlichen Auftritte und der Rummel um ihre Person waren Bernadette zuwider. *„Ich fühle mich vorgeführt wie ein Mastkalb, das begutachtet wird."*

Bernadette ist auch die erste Heilige, die fotografiert wurde. Die langen Fotositzungen waren mühsam, und sie hasste es, im Mittelpunkt zu stehen. Es amüsierte sie, dass ihre Bilder für ein paar Pfennige verkauft wurden: *„So viel bin ich also wert."* Der Erlös der Bilder war für den Bau der Kirchen.

Um sie vor der aufdringlichen Öffentlichkeit zu schützen, wurde sie auf Vermittlung von Pfarrer Peyramale als „bedürftige Kranke" in die Schule der Schwestern von Nevers aufgenommen, wo sie zum ersten Mal in ihrem Leben regelmäßig lernen konnte. 1860 zog sie ganz zu den Schwestern, obwohl es bedeutete, ihre Familie zu verlassen. So oft sie konnte, besuchte sie die Familie in der Mühle Lacadé, dem sog. Vaterhaus (Maison paternelle). Mit Unterstützung des Pfarrers und Bürgermeisters waren die Soubirous dorthin umgezogen.

Bei den Schwestern lernte Bernadette lesen, schreiben und die französische Sprache. Sie begriff schnell und schon 1861 konnte sie selbst ihren ersten Bericht über die Erscheinungen schreiben. Während der Zeit im Hospiz verschlechterte sich ihre Gesundheit so dramatisch, dass ihr der Bischof die letzte Ölung spendete – sie sollte im Laufe ihres Lebens das Sakrament noch dreimal empfangen, das damals kurz vor dem Tod erteilt wurde.

In diesen Jahren erkannte Bernadette ihre eigentliche Berufung: Sie half, alte und kranke Menschen zu pflegen, und dabei reifte in ihr der Entschluss, selbst Ordensfrau zu werden. Sie wusste, dass ihre Möglichkeiten begrenzt waren, wegen ihrer schwachen Gesundheit, mangelnder Bildung und der fehlenden Mitgift; andere wollten Bernadette nicht aufnehmen, weil sie durch die Bekanntheit des Mädchens die Ruhe der Gemeinschaft in Gefahr sahen. Bernadettes wollte bei den Schwestern von Nevers eintreten, die sie so gut kannte: *„Ich will bei Ihnen eintreten, weil Sie sich um die Armen kümmern, und ich liebe die Armen. Ich will bei ihnen eintreten, weil ich mich hier wohl fühle. Ich will bei Ihnen eintreten, weil Sie mich nie dazu gezwungen haben."* Die Kongregation war 1680 von dem Benediktinerpater Jean-Baptiste Delaveyne gegründet worden, um angesichts der steigenden Armut christliche Nächstenliebe zu praktizieren. Das Hospiz in Lourdes mit ihrer Schule und der Versorgung Alter und Kranker war ein Beispiel für den Dienst der Schwestern. Auf Vermittlung von Bischof Forcade von Nevers wurde Bernadette als Postulantin der „Kongregation der Schwestern der Nächstenliebe und der christlichen Unterweisung von Nevers" – so der offizielle Name der Gemeinschaft – aufgenommen. Gemäß dem Wahlspruch der Kongregation *„Deus caritas est"* – „Gott ist Liebe" wollte Bernadette künftig leben. Sie verbrachte ihre zwei Jahre als Postulantin in Lourdes und wohnte noch der Einweihung der Krypta bei, bevor sie nach St. Gildard ins Mutterhaus des Ordens in Nevers aufbrach. Ihr Auftrag in Lourdes war beendet: *„Ich bin wie ein Besen. Wenn man ihn nicht mehr braucht, wird er wieder an seinen Platz hinter der Tür gestellt. Dort bin ich sehr glücklich und dort bleibe ich."*

Bernadette wollte nach Nevers, um dort durch ihr Leben Zeugnis abzulegen. Obwohl sie Heimweh nach ihrer Familie und nach der Grotte hatte, sollte sie nie mehr nach Lourdes zurückkehren. Am 4. Juli 1866 verließ sie ihre Heimat und fuhr ins 800 Kilometer entfernte Nevers, um fortan „im Verborgenen" als Ordensfrau zu leben.

Zeugnis des Lebens in Nevers
(1866 – 1879): *„Die wenige Zeit, die wir auf der Erde haben, müssen wir gut nutzen"*

Mit 44 anderen jungen Frauen wurde Bernadette in das Noviziat aufgenommen. Gleich nach ihrer Ankunft sollte Schwester Marie-Bernard (sie durfte ihren Taufnamen behalten) vor allen Schwestern noch einmal von den Erscheinungen erzählen und dann darüber schweigen. Die Regeln im Noviziat waren wie damals üblich streng, und Bernadette wurde härter als die anderen behandelt, um ihr zu zeigen, dass sie keine Sonderstellung inne hatte und um ihr Demut beizubringen. Sie akzeptierte dies und war trotz der Härte glücklich und dankbar. Sie hielt sich nicht für eine *„saintoune"*, eine Heilige, sondern für stolz, eigensinnig und empfindlich, und mit ihren letzten Worten bat sie: *„Bittet für mich arme Sünderin."*

Täglich ging sie zum Gebet zur Josephskapelle und in den Klostergarten zur Statue „Unserer Lieben Frau von den Wassern", die sie an die Haltung Marias bei den Erscheinungen erinnerte: *„Meine Gedanken sind dort am Fuß des Felsens, den ich so sehr mag, und ich mache dort meine kleine Wallfahrt."* Selbst versuchte sie nicht, nach Lourdes zurückzukehren, bat aber jeden, der dorthin reiste, für sie an der Grotte zu beten.

Während die anderen Novizinnen nach ihrer Profess in die verschiedenen Häuser des Ordens geschickt wurden, blieb Bernadette als einzige im Mutterhaus. Die Oberin meinte, da sie zu nichts tauge, würde man sie aus Barmherzigkeit behalten, und der Bischof übertrug ihr als Aufgabe das Gebet. So weit es ging, sollte sie bei den Kranken helfen. Obwohl sie keine Ausbildung hatte, pflegte sie die Kranken mit solcher Hingabe, dass sie das volle Vertrauen der Ärzte genoss und ihr zeitweise die Leitung der Krankenstation übertragen wurde. Die Ärzte schätzten v. a. ihre Hingabe und ihre Fröhlichkeit im Umgang mit den Kranken. Für Bernadette war es eine Ehre, Kranke pflegen zu dürfen. Daneben unterstützte sie die Sakristanin und kümmerte sich um die Belange der neuen Novizinnen. Sie versuchte, mit jedem gut auszukommen und hatte auch vor den

Preußen, die im deutsch-französischen Krieg von 1870/71 auf Nevers vorrückten keine Angst. Während die meisten Schwestern sich in Sicherheit brachten, blieb Bernadette, um weiterhin die Kranken und Verletzten zu betreuen. *„Ich bin nicht begierig, die Preußen zu sehen, aber ich habe keine Angst vor ihnen, auch sie hat Gott geschaffen. Ich fürchte nur die schlechten Katholiken."*

Trotz der Entfernung zu Lourdes fühlte sich Bernadette als Älteste für ihre Familie verantwortlich und wollte an deren Schicksal teilhaben. Zahlreiche Briefe zeugen davon. Sie trauerte, als nacheinander ihre Mutter Louise und ihr Vater Francois nach einem entbehrungsreichen Leben starben. Auch der Tod von Pfarrer Peyramale, der ihr ein väterlicher Freund geworden war, traf sie sehr. Kraft und Trost fand sie in ihrem Glauben.

Die Jahre in Nevers waren ein ständiges Auf und Ab; Bernadette wechselte von der Pflegerin zur pflegebedürftigen Kranken. Die Zeiten, die sie in der Krankenstation zubringen musste, wurden immer häufiger und länger, seit 1874 konnte sie ihre „weiße Kapelle", wie sie ihr Krankenbett nannte, kaum mehr verlassen. Sie beklagte sich nicht, ihre Aufgabe war es nun, krank zu sein und zu beten, und es gelang ihr, andern Mut zu machen. Geduldig ertrug sie ihre Leiden: *„Ich bete zu meinem Namenspatron, dem hl. Bernhard. Aber ich ahme ihn nicht nach, denn er suchte das Leiden und liebte es, aber ich versuche, es zu vermeiden, so gut ich kann."* Sie, die Müllerstochter, verglich sich mit einem Weizenkorn, das zermahlen wird. Und wie das Weizenkorn wurde auch sie gemahlen, um zu Brot zu werden. Im Leid war für sie Christus zugegen, ihr Glaube an ihn gab ihr Kraft: *„Mein Gott, dein Wille geschehe. Ich bin bereit zu leiden."*

Leichnam der heiligen Bernadette in der Klosterkirche von St. Gildard in Nevers

In diesem Vertrauen starb sie am 16. April 1879, dem Mittwoch der Osterwoche, 21 Jahre nach dem Kerzenwunder der 17. Erscheinung. In ihren Händen hielt sie das kleine Holzkreuz, das ihr Papst Pius IX. geschenkt hatte. Zahlreiche Menschen wollten von Bernadette Abschied nehmen. Sie wurde am 19. April in der Josephskapelle beigesetzt. Bernadettes unverwester Körper – kein Wunder, aber Hinweis auf das unzerstörbare Leben und die Auferstehung in Christus – ruht heute in einem Glasschrein im Kloster St. Gildard von Nevers.

Bernadette wurde nicht wegen der 18 Erscheinungen heilig gesprochen, sondern wegen ihre Lebens, einem Zeugnis gelebten Evangeliums: *„Es lässt sich dieses Leben in drei Sätzen zusammenfassen: Bernadette erfüllte treu ihre Sendung, sie war demütig in den Tagen des Ruhmes und stark zur Zeit der Prüfung"* (Pius XI.).

Am 8. Dezember 1933, dem Fest der Unbefleckten Empfängnis, wurde Bernadette unter großer Anteilnahme der Gläubigen in Rom heilig gesprochen. Als Festtag wurde für die Weltkirche ihr Todestag, in Frankreich der 18. Februar gewählt. Es ist der Oktavtag des Festes „Unserer Lieben Frau von Lourdes", dem Jahrestag der 1. Erscheinung: Erinnerung daran, dass Bernadette und Lourdes untrennbar miteinander verbunden sind: *„Wir alle spiegeln mit enthülltem Angesicht die Herrlichkeit des Herrn wider und werden so in sein eigenes Bild verwandelt, von Herrlichkeit zu Herrlichkeit, durch den Geist des Herrn"* (2 Kor 3,18).

Heilige Bernadette,
in deinem Leben hat sich das Wort Jesu erfüllt: Ich preise dich, Vater, Herr des Himmels und der Erde, weil du all das den Weisen und Klugen verborgen, den Unmündigen aber offenbart hast. Gott hat dir in besonderer Weise die Botschaft des Evangeliums anvertraut. Was er dir durch die Gottesmutter Maria an der Grotte von Lourdes geoffenbart hat, ist Ausdruck seines Heilswillens: Armut und Demut, Gebet und Buße, Liebe und Erbarmen als Wege zum Heil.
Dein Leben leitet uns an, den Willen Gottes zu erfüllen. Deine Worte und Taten sind uns Wegweiser für unser Leben.
Hilf uns, die Vollendung zu finden, die der Herr dir geschenkt hat. Stärke und belebe in uns die Liebe zu Maria, der Mutter Jesu und aller Menschen, die dir in Lourdes erschienen ist. Und führe uns mit ihr zu Jesus, der dein Leben erfüllt hat.
Heilige Bernadette, bitte für uns.

(QUELLE UNBEKANNT)

Die 18 Erscheinungen (11. Februar – 16. Juli 1858): *„Die Grotte war mein Himmel ...“*

1. Erscheinung am 11. Februar: erste Begegnung

Nichts hatte Bernadette auf die Ereignisse an der Grotte von Massabielle vorbereitet. Sie wollte mit ihrer Schwester und ihrer Freundin Jeanne nur Holz sammeln; vom Verkauf des Holzes konnte sie dann etwas Brot besorgen. Ihre Begleiterinnen waren schon vorausgegangen, als Bernadette einen Windstoß vernahm: *„Ich hob den Kopf und schaute nach*

oben. Ich habe „aqueró“ gesehen. Sie trug einen langen Schleier, ein weißes Kleid, einen blauen Gürtel, eine gelbe Rose auf jedem Fuß und hielt einen Rosenkranz in der Hand. Sie war so groß wie ich, aber schöner als alles, was ich je gesehen habe.“ Bernadette wollte das Kreuzzeichen machen, konnte es aber erst, als auch „aqueró“ sich bekreuzigte. *„Ihre erste Geste war das Kreuzzeichen – still und ohne Worte. Und Bernadette ahmte sie nach, und bekreuzigte sich ihrerseits. Und so hat die Gottesmutter eine erste Einführung in das Wesen des Christentums ge-*

Madonna in der Grotte

geben: Das Kreuzzeichen ist die Summe unseres Glaubens, und wenn wir uns mit aufmerksamen Herzen bekreuzigen, treten wir ganz in das Geheimnis unseres Heils ein. In dieser Geste der Gottesmutter liegt die gesamte Botschaft von Lourdes" (Benedikt XVI. am 17. September 2008). Dann betete das Mädchen den Rosenkranz, dazu ließ *„aqueró"* die Perlen ihres Rosenkranzes durch die Finger gleiten. Dann verschwand die Erscheinung.

2. Erscheinung am 14. Februar: Vertrauen

Bernadette fühlte sich zur Grotte hingezogen. Als *„aqueró"* erschien, besprengte sie sie mit Weihwasser. Die Dame lächelte und Bernadette spürte, dass sie ihr vertrauen konnte. *„Sie schaute mich an wie ein Mensch, der mit einem anderen Menschen spricht."* Eine ganz neue Erfahrung für das Mädchen, das bisher hauptsächlich Verachtung und Ablehnung durch ihre Umgebung zu spüren bekommen hatte.

3. Erscheinung am 18. Februar: Einladung und Versprechen

Damit die Dame ihre Botschaft aufschreiben könnte, hatte Bernadette Papier und Schreibzeug dabei. *„Was ich Ihnen zu sagen habe, braucht nicht aufgeschrieben zu werden".* Bernadette konnte ohnehin weder lesen noch schreiben und das, was die Dame übermittelt, war bereits aufgeschrieben: Es ist das Evangelium Jesu Christi, Gottes Heilswille im Aufruf zur Umkehr, die Wirkmacht des Gebets, und die Aufforderung Kirche Christi zu sein in der Sendung und im Dienst füreinander. Die Dame sprach mit Bernadette im vertrauten Dialekt des Bigorre. *„Würden Sie die*

Güte haben, vierzehn Tage lang hierher zu kommen? Ich verspreche nicht, Sie in dieser Welt glücklich zu machen, sondern in der anderen." – kein Befehl, sondern eine Einladung. Bernadette spürte, dass die „andere Welt" keine Vertröstung auf das Jenseits war, sondern dass sie schon gegenwärtig war, in der Achtung, die ihr „aqueró" entgegenbrachte, in ihrer Botschaft vom Reich Gottes, in dem andere Maßstäbe gelten. So konnte Bernadette am Ende ihres Lebens sagen: *„Die hl. Jungfrau hat mich nicht belogen. Ich bin auf meinem Krankenlager glücklicher als eine Königin auf ihrem Thron."*

4. und 5. Erscheinung am 19. und 20. Februar: Begegnung im stillen Gebet

Lächelnd dankte die Dame Bernadette für ihr Kommen, und sie beteten zusammen. Dann zeigte sich auf ihrem Gesicht erstmals Trauer.

6. Erscheinung am 21. Februar: Gebet und Buße

Bernadette nahm die Trauer auf dem Gesicht der Dame wahr. *„Ich fragte die Dame, was sie so traurig mache. Sie antwortete mir: ‚Beten Sie für die Sünder!'"* Unter den Zuschauern wurde bereits gemunkelt, dass es die Gottesmutter sei, die dem Kind erschien. Bernadette sprach weiterhin von *„aqueró"*.

Am **22. und 26. Februar** erschien die Dame nicht. Bernadette war traurig, hatte sie etwas falsch gemacht? Später wird das zweimalige Ausbleiben der Erscheinung als Zeichen der Echtheit gewertet. Trotz Bernadettes Erwartung, zeigte sich die Dame nicht, die Ereignisse konnten also nicht von der Phantasie

des Mädchens abhängen, sie waren nicht vorge-
täuscht.

7. und 8. Erscheinung am 23. und 24. Februar: Gebet für die Sünder

Die Zuschauer bemerkten auf Bernadettes Gesicht
zunächst ein Leuchten und dann Trauer, ein Spie-
gelbild der Dame. Weinend kniete sich Bernadette
hin und wiederholte die Worte: *„Buße, Buße, Buße."*

9. Erscheinung am 25. Februar: Die Entdeckung der Quelle

„Aquero" bat: *„Wollen Sie für die Sünder die Erde küs-
sen und von den bitteren Kräutern essen?"* Den Sinn
dieses Tuns verstand Bernadette noch nicht, aber sie
vertraute und gehorchte.
Dann forderte die Dame sie auf zur Quelle zu gehen
und sich zu waschen. Bernadette wollte zum Fluss,
doch die Dame wies auf einen Platz in der Grotte. Als
Bernadette das Geröll und die Erde beiseite schob,
entdeckte sie bald Wasser: zunächst noch schlammig
und schmutzig, musste sie vier Mal schöpfen, bevor
sie davon trinken konnte. Die Menge war entsetzt,
hielt sie für verrückt. *„Es ist für die Sünder. Aqueró will
es."* Eine der Zuschauerinnen bemerkte: *„Sie sah aus,
als ob sie das Leid der ganzen Welt zu tragen hätte."*

10. – 12. Erscheinung vom 27. Februar – 1. März: erste Heilungen

Bernadette wiederholte die Gesten des vorherigen
Tages und trank aus der Quelle. Selbst wenn die Zuschauer, die immer zahlreicher zur Grotte kamen,

selbst nichts sahen, spürten sie, dass mit dem Mädchen etwas Besonderes vor sich ging. Die ersten ahmten Bernadettes Gesten nach. Und die Quelle, die Bernadette frei gelegt hatte, schüttete immer mehr klares Wasser aus. Einige Tage später geschah die erste Heilung: Catherine Latapie, eine Bäuerin aus dem Nachbardorf Lubajac, konnte ihren gelähmten Arm wieder bewegen, nachdem sie ihn in die Quelle getaucht hatte. Weitere Heilungen folgten.

13. Erscheinung am 2. März: Der Wunsch nach einer Kapelle und Prozessionen

„Sagen Sie den Priestern, dass man hier eine Kapelle bauen soll und dass man in Prozessionen hierher kommt." Es ist der Wunsch nach einem Ort, wohin die Menschen in Prozessionen, also in Gemeinschaft kommen, um zu beten und miteinander Eucharistie zu feiern: eine Gemeinschaft, die im gemeinsamen Tun zur Kirche Jesu Christi wird. Bernadette sollte zu den Priestern gehen – ein Hinweis darauf, dass sich die Kirche aus dem Zusammenwirken von Priestern und Laien, von Männern und Frauen aufbaut. Pfarrer Peyramale blieb misstrauisch, er forderte ein Zeichen: Die Dame sollte erst ihren Namen nennen und den Rosenstrauch an der Grotte erblühen lassen.

14. und 15. Erscheinung am 3. und 4. März: Lächeln

Als Bernadette der Dame den Wunsch des Pfarrers übermittelte, lächelte diese nur und erneuerte ihren Wunsch. Am 4. März waren noch mehr Menschen als sonst gekommen, an die 8.000 Menschen, doppelt so viele, wie Lourdes Einwohner hatte. Es war der letzte der versprochenen vierzehn Tage und die Menge hoffte auf ein Wunder. Doch nichts geschah.

16. Erscheinung am 25. März: Höhepunkt der Erscheinungen – die Selbstoffenbarung

Es war das Hochfest der Verkündigung an Maria, als es Bernadette zur Grotte zog. Wieder fragte sie die Dame nach ihrem Namen. *„Aqueró"* lächelte, faltete die Hände, und antwortete mit Blick zum Himmel: *„Que soy era Immaculada Councepciou"* – *„Ich bin die Unbefleckte Empfängnis"*. Bernadette verstand den Namen nicht. Ständig wiederholte sie ihn, als sie zum Pfarrhaus lief, um ihn gleich Pfarrer Peyramale mitzuteilen. Dieser reagierte verwirrt und erschüttert. Das konnte sich das Mädchen nicht ausgedacht haben. Für ihn war jetzt klar, dass nur die Gottesmutter erschienen sein konnte.

Der genannte Name bezieht sich auf Marias eigene Menschwerdung und bezeugt, dass Maria ein Mensch wie jeder andere ist, doch herausgenommen aus der Verstrickung in Sünde. Ihr ganzes Leben hat sich Maria der Führung Gottes anvertraut, und Gott vollendete es mit ihrer Aufnahme in den Himmel. In Maria ist als erster das Erlösungswerk Gottes zur Vollendung gekommen. Mit dem Dogma der unbefleckt empfangenen Gottesmutter bestätigte Papst Pius IX. im Jahr 1854 offiziell das, was in der Kirche schon lange Glaubenstradition war. Das Hochfest der unbefleckt empfangenen Gottesmutter begeht die Kirche am 8. Dezember. Die Offenbarung des Namens war der Höhepunkt der Erscheinungen. Der Name war das letzte, was *„aqueró"* zu Bernadette gesprochen hatte. Ohne die theologische Bedeutung des Namens zu verstehen, spürte sie seine Tragweite: die Begegnung mit Gott, der die Menschen ernst nimmt und dem sie vertraut.

17. Erscheinung am 7. April: ein österliches Kerzenwunder

Es war der Mittwoch der Osterwoche als Bernadette erneut zur Grotte ging. Während der Erscheinung hielt sie eine brennende Kerze so in den Händen, dass die Flamme durch ihre Hände züngelte. Bernadette reagierte nicht, keine Verbrennungen waren zu sehen. Als ein anwesender Arzt nach der Erscheinung eine brennende Kerze nur in die Nähe hielt, schrie sie laut auf. Der Arzt konnte nur bestätigen: „Ich weiß zwar nicht, was du gesehen hast, aber ich weiß, dass da etwas war."

Madonna mit Rosenkranz

18. Erscheinung am 16. Juli: Abschied

Da der Zugang zur Grotte von den Behörden abgesperrt war, ging Bernadette auf die gegenüberliegende Seite des Gave-Flusses. Die Beziehung zwischen Bernadette und der Dame war so vertraut, dass Worte nicht mehr nötig waren. Bernadette wusste auch so, dass es ein Abschied war. *„Ich habe die Entfernung nicht bemerkt, es war, als ob ich in der Grotte gewesen wäre. Wir brauchten nicht mehr zu reden. Wir haben uns nur angeschaut. Nie war sie schöner."*

Wenige Tage danach setzte der zuständige Bischof Laurence eine Untersuchungskommission ein, die Ereignisse zu prüfen. Mehrmals wurde Bernadette von der Kommission befragt. Sie überzeugte durch ihre Bescheidenheit und die Klarheit ihrer Aussagen. So konnte der Bischof schon vier Jahre später im Namen der Kirche erklären: *„Die Unbefleckte Jungfrau Maria, die Mutter Gottes, ist Bernadette wirklich erschienen."* Und Papst Benedikt XVI. bestätigte anlässlich der 150-Jahrfeier der Erscheinungen: *„Die mütterliche Liebe der Jungfrau Maria entwaffnet jede Form von Stolz. Sie macht den Menschen fähig zu erkennen, wer er ist. Sie erweckt in ihm das Verlangen, sich zu bekehren, um Gott die Ehre zu geben"* (Angelus am 14. September 2008).

Die Botschaft von Lourdes ist zunächst eine Wortbotschaft: *„Was ich Ihnen zu sagen habe, braucht nicht aufgeschrieben zu werden"*. Sie ist eine „Schule des Evangeliums Jesu Christi" in seiner weltweiten Dimension – ohne nationale und politische Abgrenzungen. In Lourdes wird das Evangelium konkret, in seiner Schönheit und Freiheit, die jeden Menschen als geliebtes Kind Gottes sieht, wie es Bernadette erfahren konnte. Indem es die Zeichen der Zeit erkennt und wie Maria den Blick auf Christus richtet zeigt Lourdes die Aktualität des Evangeliums.

Mit der Botschaft sind Zeichen und Gesten verbunden, deren Vorbild Maria und ihr Verhalten bei der Hochzeit von Kana ist, wie es auf dem Mosaik der Fassade der Rosenkranzbasilika zu sehen ist: Maria erkennt die Notlage und wendet sich an ihren Sohn, voll Vertrauen, dass nur er Abhilfe schaffen

„Maria zeig uns deinen Sohn" (Hinweis unter den Arkaden der Rosenkranzbasilika)

kann. Wer wie die Diener damals zu Kana ihm folgt, kann die Not wenden und wieder Hoffnung schöpfen. „Tut, was er euch sagt", das sind ihre letzten überlieferten Worte aus dem Evangelium, ein zeitloser Aufruf an alle Menschen.

Maria bringt in Lourdes keine neue Offenbarung, sondern sie führt uns direkt in die Mitte des christlichen Glaubens, zum menschgewordenen Gott, ihrem Sohn Jesus Christus. Das verdeutlichen die Gesten und Zeichen von Lourdes. Biblische Zeichen, die auf Gott verweisen: Gott ist unsichtbar, die Zeichen und Gesten sind sichtbar, greifbar, sind Glaube zum Anfassen und lassen ahnen, wie Gott ist – keine abstrakte Glaubenslehre, sondern lebendige Glaubenspraxis.

Die Zeichen von Lourdes sind Ursymbole der Menschheit, die auf das versöhnende und Leben spendende Handeln Gottes hinweisen. Im Licht des Evangeliums werden sie gedeutet und mit Gesten verbunden; es sind keine magischen Handlungen, sondern im Gebet Ausdruck des Glaubens und Vertrauens. Bernadette hat sie vorgemacht und die Pilger wiederholen sie: den Fels berühren, vom Wasser der Quelle trinken, sich das Gesicht waschen, eine Kerze anzünden, ehrenamtlich tätig werden, sich als Teil der universalen Glaubensgemeinschaft erleben ...

Der Fels der Grotte

Papst Johannes Paul II. bezeichnete die Grotte als „das Herz von Lourdes". Auf der ganzen Welt entstanden Nachbildungen, so auch eine im Vatikan (deren Altar früher in der Grotte von Lourdes stand). Die Grotte ist das erste Zeichen von Lourdes, der Ort, wo Maria 18 Mal erschienen ist. Die Marienstatue mit ihrer Inschrift erinnert an diese Begegnungen. Der jetzige Altar der Grotte, der am Gründonnerstag 2004 geweiht wurde, ist ein Stück Fels von Massabielle. So ist die Grotte selbst zu einem Ort geworden, wo sich Marias Wunsch nach einer Kapelle erfüllt hat.

Am Boden ist die Stelle markiert, wo Bernadette bei den Erscheinungen stand, ebenso der Platz, an dem Johannes Paul II. bei seinen Wallfahrten 1983 und 2004 betete und Benedikt XVI. im Jahr 2008.

Der Fels ist ein altes biblisches Symbol: „Sich auf den Felsen stützen" und „an Gott glauben" bedeutet in der Bibel das Gleiche. Jeder, der in der Grotte den Fels berührt und seine Festigkeit spürt, wird an die verlässliche Gegenwart Gottes erinnert: *„Herr, du mein Fels, meine Burg, mein Retter, meine Feste, in der ich mich berge, mein Schild und sicheres Heil, meine Zuflucht. Denn wer ist Gott als allein der Herr, wer ist ein Fels, wenn nicht unser Gott"* (Ps 18,3.32).

Der Fels der Grotte (Eucharistiefeier)

Die Grotte – ein Ort der Begegnung zwischen Gott und Mensch, ein Ort, an dem sich Himmel und Erde berühren.

Und der Fels erinnert an Jesus, dessen Leben gleichsam von einer Felsenhöhle umfasst wird: von der Höhle seiner Geburt in Betlehem bis zum Felsengrab in Jerusalem. Jesus selbst ist der Fels, das Fundament, und der Verfasser des 1. Petrusbriefes fordert uns auf: *„Lasst euch als lebendige Steine zu einem geistigen Haus aufbauen"* (1 Petr 2,4).

Als Bernadette zur Grotte ging, war es ein unwirtlicher Ort, voller Unrat und Schmutz. Massabielle, bedeutet im Dialekt der Region „alter Felsen", ein Ort mit einem schlechten Ruf. „Du bist wohl in Massabielle erzogen". Das bedeutete soviel wie überhaupt keine Erziehung zu haben. Nur selten kamen Menschen in die dunkle Höhle, in die nie ein Sonnenstrahl fiel; höchstens einmal Tiere suchten dort Zuflucht.

Heute ist die Grotte nicht mehr einsam und dunkel. Rund um die Uhr kommen Pilger aus der ganzen Welt in der Vielfalt ihrer Sprachen und Kulturen. Jeder Pilger sucht im Laufe seiner Wallfahrt diesen Ort auf, um an den Gottesdiensten teilzunehmen oder still für sich zu beten – mit eigenen Worten oder in den vertrauten vorgeformten Gebeten, die helfen, wenn einem selbst die Worte fehlen. Sie gehen durch die Grotte, deren Fels seine Schroffheit verloren hat, geglättet von den vielen Händen. Im Kasten beim Tabernakel legen sie ihre Gebetsanliegen ab, dort, wo Maria gestanden hatte. Die Anliegen werden in die täglichen Gottesdienste hineingenommen. Für viele ist der Gang durch die Grotte der Höhepunkt ihrer Wallfahrt.

Gott, du bist der Fels, auf den wir unser ganzes Leben bauen können. An dich wenden wir uns mit unseren Bitten:

– Erfülle unseren Papst mit deinem Geist, damit er der Einheit der Kirche dient und seine Geschwister im Glauben stärkt.

– Lass unsere Kirche feststehen im Glauben an dich und erneuere sie, damit sie ihren Auftrag in unserer Zeit erfüllt.

– Lass uns darauf vertrauen, dass du uns liebst und hilf uns, das zu tun, wozu du uns berufen hast.

– Öffne das Herz der Menschen, denen es schwer fällt, an dich zu glauben, dass sie die Spuren und Zeichen deiner Gegenwelt erkennen.

– Gib den Leidenden viel Kraft und Geduld.

Wenn wir auf dich hören und dein Wort befolgen, sind wir wie ein Haus, das auf Fels gebaut ist. Dann können wir in Frieden und Zuversicht leben. Dafür danken wir dir, wir loben und preisen dich, jetzt und in Ewigkeit.

(PATER UWE BARZEN OMI)

Das Licht der Kerzen

Bernadette hatte bei fast allen Erscheinungen eine Kerze dabei, und die Gottesmutter war von einem sanften Licht umgeben. Seither werden an der Grotte Kerzen aufgestellt, jedes Jahr an die 750 Tonnen Wachs. Wohin früher nie ein Sonnenstrahl drang, ist es jetzt nie mehr dunkel, „denn er hat euch aus der Finsternis in sein wunderbares Licht berufen" (1 Petr 2,9). Hinter jeder angezündeten Kerze steht ein Mensch mit seiner Lebensgeschichte, seinen Freuden und Sor-

Das Licht der Kerzen

ESTA LLAMA
PROLONGA MI ORACION

DAS LICHT DIESER KERZE
IST ZEICHEN MEINES BETENS

Das Licht der Kerzen

gen, seinen Hoffnungen. Bei vielen ist sie Zeichen des Dankes. Ein Teil der Kerzen wird für den Winter aufbewahrt, wenn nicht so viele Besucher kommen. All die Kerzen ersetzen nicht das Gebet, sondern machen es sichtbar und verlängern es gleichsam: Die Kerze brennt noch, wenn die Pilger die Grotte schon verlassen haben.

Die brennenden Kerzen erinnern an die Taufkerze, die an der Osterkerze entzündet wurde, an Jesus Christus, der *„ganz Licht ist und keine Finsternis ist in ihm"* (1 Joh 1,5). Sie weisen in die Zukunft und fordern auf, sein Leben entsprechend zu gestalten:

„Denn einst wart ihr Finsternis, jetzt aber seid ihr durch
den Herrn Licht geworden. Lebt als Kinder des Lichts. Das
Licht bringt lauter Güte, Gerechtigkeit und Wahrheit hervor" (Eph 5,8f.).

Der Weg der Pilger durch die Grotte ist Pascha
(hebr. Durchgang), ein österlicher Weg: Sie gehen vorbei an der Quelle, Erinnerung an den Durchgang
durch das Rote Meer und das Wasser der Taufe. Beim
Ausgang steht der große Lichterbaum wie der brennende Dornbusch, in dem sich Gott Mose geoffenbart
hat, und das Symbol für Christus, das Licht.

Guter Vater im Himmel, du sendest uns deinen Sohn,
damit wir in ihm zum Licht für die Welt werden:
– Erleuchte alle Menschen, die durch Armut, Unglück
  oder Enttäuschung verbittert und hoffnungslos ge-
  worden sind.
– Erleuchte alle Menschen, die in einer dunklen Welt
  leben, die nur von Egoismus, Ellenbogendenken und
  Profitgier bestimmt ist.
– Erleuchte alle Menschen, die mit ihrer Schuld und
  Schwäche nicht mehr fertig werden und resignieren.
– Erleuchte alle Menschen, die sich von dir nichts
  mehr für ihr Leben erhoffen.
– Erleuchte die Verstorbenen mit dem Licht der ewi-
  gen Freude.
Allmächtiger Vater, dir vertrauen wir unser Leben an.
Sei du das Licht, das uns erleuchtet und der Beistand,
der uns nicht verlässt. Darum bitten wir durch Chris-
tus, unsern Herrn.

(PATER UWE BARZEN OMI)

Die Quelle in der Grotte

Das Wasser der Quelle

Zahlreiche Stellen in der Heiligen Schrift sprechen von Gott als dem Urheber des Lebens, der das lebensnotwendige Wasser großzügig schenkt. Die Quelle in der Grotte war von Unrat verschüttet und in Vergessenheit geraten. Bernadette konnte sie entdecken, weil sie der Dame vertraute. Darin liegt die Aufforderung, sich immer wieder auf die Suche zu machen und zu entdecken, was unerkannt schon da ist.

Die Quelle in der Grotte ist ein Zeichen für den heilenden und Leben fördernden Gott. Wenn auch zahlreiche Heilungen im Zusammenhang mit dem Wasser bezeugt sind, hat es keine medizinisch nachweisbaren oder magischen Kräfte. Auch die Menge spielt keine Rolle: *„Ein Tropfen genügt. Betet!"*, war Bernadettes Rat. In diesem Sinne sind die Darstellung des Blindgeborenen in den Bädern für die Männer und die Inschrift der Statue eines von Blindheit Geheilten am Serpentinenweg zur Grotte zu verstehen: *„Es ist wichtiger, den Glauben wiederzufinden als das Augenlicht."* Auf diese Heilung machen die Tafeln an der Stützmauer über den Wasserhähnen in den verschiedenen Sprachen aufmerksam, es sind die Worte Marias: *„Trinkt aus der Quelle und wascht euch dort."* So formen die Pilger ihre Hände zu Schalen und trinken von dem Wasser, waschen sich das Gesicht oder bekreuzigen sich dabei: *„Du bist die Quelle des Lebens, reinige mich, verwandle mein Herz, lass mich in dir neu geboren werden, Herr."*

Diese Gesten sind für viele ein erster Schritt zum Empfang des Bußsakraments oder bestätigendes Zeichen nach dessen Empfang. Noch intensiver erleben das die Pilger beim Bad im Wasser der Quelle, in das jährlich an die 400.000 Pilger eintauchen: *„Ich ging hin, wusch mich und konnte wieder sehen"* (Joh 9,11).

Detail der Benedikt-säule mit Entdeckung der Quelle

Das Wasser der Quelle

Guter Gott, du Quelle des Lebens, an dich wenden wir uns mit unseren Bitten:

— Lass uns erkennen, dass du zu einem glücklichen Leben notwendig bist, wie das Wasser, ohne das Menschen, Pflanzen und Tiere sterben müssen.

— Lass deine Hilfe für uns wie eine sprudelnde Quelle sein, die nie versiegt.

— Für alle, die sich vergeblich mühen, ihren Lebensdurst zu stillen, dass sie Zufriedenheit und Erfüllung finden.

— Für alle, die Hunger und Durst leiden, dass die Wohlhabenden bereit sind, mit ihnen zu teilen.

Gott, unser Vater, hat uns durch das Wasser und den Heiligen Geist von Neuem geboren. Er bewahre uns in der Treue zu seiner Liebe und schenke uns alles, was wir zum Leben benötigen. Darum bitten wir heute und allezeit.

(PATER UWE BARZEN OMI)

Neben den drei „materiellen" Zeichen verdeutlichen die zwei „lebendigen" die Botschaft des Ortes: die Kranken und das eine Volk aus vielen Nationen.

Kranke auf der Esplanade

Die Kranken

Zur Wallfahrt nach Lourdes gehörten von Anfang an Alte, Kranke und Behinderte. Seit dem Bau der Eisenbahnlinie bis Lourdes im Jahr 1866 kommen sie immer zahlreicher aus der ganzen Welt. Die Aufnahme der Kranken in Lourdes ist ein Hinweis auf die „andere Welt", und Maßstab ist das Verhalten Jesu, der die Kranken in die Mitte stellte, sich von ihnen berühren ließ und sie heilte.

Er holte sie wieder in die Gemeinschaft zurück – ein Auftrag, der zum Maßstab in seiner Nachfolge wird, gerade in einer (Leistungs-)Gesellschaft, die Schwierigkeiten hat, Kranke und Behinderte zu integrieren: *„Ich war krank und ihr habt mich besucht. Was ihr für den geringsten meiner Brüder getan habt, das habt ihr mir getan"* (Mt 25, 36.40). Der schwerkranke Papst Johannes Paul II. zeigte bei seiner letzten Pilgerfahrt nach Lourdes, dass auch ein Leben mit Behinderung seinen Wert hat. Damit setzte er ein Zeichen der Solidarität, das den Kranken Mut macht und die Gesunden sensibel für die Bedürfnisse der Kranken: *„Angesichts des Leidens ist es die erste Pflicht der Gesunden, die Kranken zu respektieren, bisweilen sogar durch Schweigen"* (Johannes Paul II. am 15. August 1983).

Die Kranken sind keine anonymen Fälle, ihre Krankheitsbilder sind vielfältig und nicht nur körperlich. Manche Krankheiten sind unsichtbar, wie schon Bernadette feststellte: *„Es ist schmerzhaft, nicht atmen zu können, aber noch schmerzlicher ist es, von inneren Qualen gepeinigt zu werden."* Viele leiden an sozialer Kontaktlosigkeit, seelischen Erkrankungen, Behinderungen, Alter, Folgen erlittener Gewalt, Beziehungs-

losigkeit, Zweifel, gescheiterten Lebensplänen ... Armut in ihren vielen Erscheinungsformen, an denen sich seit den Zeiten Bernadettes nichts geändert hat.

Eigene Wege, auf denen v. a. Rollstühle und Krankenwägen geschoben werden, sind durch rote Bahnen gekennzeichnet. Neben umfassender medizinischer Versorgung bedeutet ein guter Umgang mit den Kranken, auf sie einzugehen, ihnen zuzuhören und auch mit ihnen die Frage nach dem Warum auszuhalten. Der Kranke hat sich am Ende seiner Pilgerfahrt äußerlich vielleicht nicht wesentlich verändert, aber er kann in der Atmosphäre des Glaubens und der Solidarität seiner Mitpilger – Gesunder wie Kranker – Heilung im ganzheitlichen Sinne erfahren, die ihm ermöglicht, anders in seinen Alltag zurückzukehren:

Kranke am Weg zum Accueil

Die Kranken

im Glauben die Frage nach dem Warum auszuhalten, die Krankheit anzunehmen und wider alle Hoffnung die Kraft zu finden, weiterzuleben. Gesunde spüren, dass Krankheit nicht identisch ist mit Unglück. So ist Lourdes nicht in erster Linie die Hauptstadt der Kranken, selbst wenn es von außen betrachtet so erscheinen mag, als ob alles Leid der Welt hier versammelt ist. Lourdes ist vor allem ein Ort des Glaubens, der Hoffnung und der Menschenwürde in Christus, wo Menschen miteinander das Geheimnis ihres Lebens und Glaubens feiern.

Lasst uns zu Gott unserem Heil beten, der reich ist an Erbarmen und Gnade:
- *Hilf allen Menschen, die ein schweres Kreuz zu tragen haben, dass sie nicht den Mut verlieren.*
- *Gib den Leidenden viel Kraft zur Geduld und stärke ihr Vertrauen auf deine Hilfe.*
- *Nimm den Kranken und Verzagten die Angst vor der Zukunft.*
- *Sende den Traurigen einen Strahl deines Lichtes, damit sie neuen Mut bekommen und wieder Hoffnung haben.*
- *Stehe den Menschen bei, die keine Hoffnung mehr haben, und schenke ihnen neue Zuversicht.*
- *Bestärke die Kirche und unsere Pfarrgemeinden in der karitativen Sorge und in der Not zu helfen.*
Schau mit Güte, Herr, auf das Volk, das sich deiner Barmherzigkeit anvertraut. Ohne dich kann es nicht leben. Eile ihm zu Hilfe mit deiner Macht, damit es in deine Herrlichkeit gelangt. Darum bitten wir durch Christus, unsern Herrn.

(PATER UWE BARZEN OMI)

Ein Volk aus vielen Nationen

Seit Marias Wunsch nach einer Kapelle und nach Prozessionen kommen jährlich zwischen fünf und sechs Millionen Menschen aus der ganzen Welt. In den letzten Jahren machen zunehmend Jakobspilger auf ihrem Weg zum Apostelgrab in Lourdes Station.

Unzählige sind über die Radiosender und das Internet mit Lourdes verbunden: *„Danach sah ich eine große Schar aus allen Nationen und Stämmen, Völkern und Sprachen; niemand konnte sie zählen"* (Offb 7,9). Lourdes ist ein katholischer Ort geworden, nicht in der konfessionellen Abgrenzung, sondern in der ursprünglichen Wortbedeutung: katholisch im Sinne von weltoffen und einladend für alle Menschen, über die Konfessions- und Religionsgrenzen hinweg. Die Sprachen von Lourdes sind die Sprachen der anwesenden Pilger und das Lateinische als verbindende Sprache der weltumspannenden Kirche.

Lourdes ist in dieser Offenheit keine Sonderwelt, sondern römisch-katholische Kirche in ihren Grundvollzügen, die den Glauben der Kirche lebt, bekennt und verkündet in der Vielfalt der versammelten Pilger: *„Ein Leib und ein Geist, wie euch durch eure Berufung auch eine gemeinsame Hoffnung gegeben ist; ein Herr, ein Glaube, eine Taufe, ein Gott und Vater aller, der über allem und durch alles und in allem ist"* (Eph 4,5f.). Die Pilger, ob allein, in einer Pilgergruppe, als Gemeinde oder bei den großen Diözesanwallfahrten, erfahren sich als Teil dieser Weltkirche in gegenseitiger Bereicherung.

Wer über den Eingang St. Joseph in den Wallfahrtsbezirk geht, kommt am Kino Bernadette vorbei, das seit dem Jubiläumsjahr 2008 ein Wandfresko von

Ein Volk aus vielen Nationen

Ein Volk, entstanden aus vielen Nationen

Pascal Soubies und Denis Moros schmückt: Pilger aller Altersstufen und Kontinente, Kranke und Gesunde jeden Alters, Pilger von Bernadette bis zu den Päpsten Johannes Paul II. und Benedikt XVI.: die Botschaft von Lourdes und damit das Evangelium bringt Menschen auf der ganzen Welt in Bewegung und vereint sie.

Die Internationalität spiegelt das Marianische Netzwerk, das Jacques Perrier, Bischof von Lourdes und Tarbes, gegründet hat. In diesem Netzwerk sind aus 20 europäischen Ländern der jeweils meistbesuchte Wallfahrtsort zusammengeschlossen. Über die Ländergrenzen hinweg ist seit Jahrhunderten die Marienverehrung ein Band der Einheit des christlichen Europa. In der Unterirdischen Basilika hängen große Portraits der Gnadenorte dieser Wallfahrtsorte. Die Namen erinnern an Anlässe oder Orte, an denen Menschen durch Maria Trost und Hilfe gefunden haben. Maria ist immer dieselbe, trotz der verschiedenen Bilder und Namen. Schon Michel Garicoits, Pfarrer im nahegelegenen Wallfahrtsort Betharram und Vertrauter Bernadettes, antwortete auf die Frage, ob er nichts dagegen hätte, dass die Menschen jetzt nicht mehr nach Betharram, sondern nach Lourdes pilgerten: *„Es ist gleich, wenn nur die heilige Jungfrau verehrt wird; beten wir zusammen den Rosenkranz, hier in Betharram und in Lourdes."*

Wir beten zu Jesus Christus, durch den die Menschen zum Heil gelangen:
- *Für die Glaubensboten in aller Welt: um glaubwürdige, Hoffnung weckende Verkündigung des Evangeliums.*
- *Für die verfolgten Christen: Entreiße sie ihren Ängsten und rette sie.*
- *Für die Regierenden: um Verständnis für die Sendung der Kirche.*
- *Für alle Menschen, die nach der Wahrheit suchen: um Erleuchtung ihrer Herzen.*
- *Für unsere Gemeinden: um größeren Einsatz für die Ausbreitung des Glaubens an das Evangelium.*

Herr, unser Gott, du liebst alle Menschen. Erneuere in den Völkern den christlichen Glauben und führe sie zur Erkenntnis der Wahrheit durch Christus, unseren Herrn.

(PATER UWE BARZEN OMI)

„Es genügt zu lieben"

„Die Stadt der Wunder" – so wird Lourdes häufig bezeichnet unter Bezug auf die außergewöhnlichen Heilungen, die sich dort seit über 150 Jahren ereignen und in den Medien bis heute für Aufregung sorgen. Schon während der Erscheinungen geschahen die ersten, und seither kommen Kranke aus der ganzen Welt in der Hoffnung auf Heilung. Über 7.000 Heilungen wurden dem Ärztebüro seit seiner Gründung 1883/84 gemeldet, 67 davon hat die Kirche offiziell als „wunderbare Heilung" anerkannt. Informationen darüber kann jeder im Museum der Wunderheilungen rechts neben den Beichtkapellen im Accueil Jean-Paul II einsehen. Jede dieser dokumentierten Heilungen ist einzigartig, Zeichen für die „andere Welt", das Reich Gottes, das in Jesus und seinen Heilungswundern bereits gegenwärtig ist. *„Das Wunder ist keine Herausforderung an die Medizin; es ist ein Routenplan, auf dem uns Gott zeigt, was wir tun können, und zwar nicht, um unseren Glauben an ihn zu erzwingen, sondern vielmehr, um unsere Hoffnung zu stärken"* (Jacques Perrier). Jeder Geheilte wird selbst zum Zeichen, wie Jean-Pierre Bély, den die Kirche 1999 als 66. Geheilten anerkannt hat und der bis zu seinem Tod regelmäßig als ehrenamtlicher Helfer nach Lourdes kam: *„Meine Aufgabe besteht nicht darin, jemanden zu überzeugen, sondern einfach darin, Zeugnis von der Güte und Barmherzigkeit Gottes abzulegen."*

Im Dienst für die Pilger

Ein Wunder von Lourdes sind seine ehrenamtlichen Helfer und die Aufnahme der Kranken und Behinderten. Der Dienst an den Schwachen ist eine der

Grundfunktionen von Kirche, gelebtes Evangelium.
Die Pavillons kirchlicher Dienste und Bewegungen
rund um den Wallfahrtsbezirk und in der Stadt wollen
Begegnungen ermöglichen und über die Zeit der Wallfahrt hinaus Kontakte vermitteln. Es genügt nicht, die
Menschen nur nach Lourdes zu bringen. In der un-
gewohnten Umgebung brauchen diese Pilger verstärkt
Hilfe, nicht nur medizinische Betreuung, sondern Begleitung, Zuwendung, Gespräch, Achtung vor einander und das gemeinsame Gebet. Das wäre nicht
möglich ohne die ehrenamtlichen Dienste, die die Pilger begleiten, sie in Lourdes empfangen und während
ihrer Wallfahrt unterstützen. Nicht selten entstehen
Beziehungen über die Zeit der Wallfahrt hinaus.

Seit die ersten Wallfahrten nach Lourdes kamen, gibt
es die Hospitaliers, die ein Netzwerk der Hilfe auf-
bauten. Heute sind es ca. 200.000, von denen jedes
Jahr an die 120.000 in den verschiedenen Diensten
für die Pilger da sind. Sie sind an ihren Uniformen
erkennbar, die der von Krankenschwestern und -pfle-
gern ähneln. Die Hospitaliers und die anderen frei-
willigen Helfer wollen aktive Pilger sein und die
Kranken als Gäste aufnehmen, was Hospitalier in seiner ursprünglichen Wortbedeutung meint. *„Die große
Herausforderung der Krankheit ist nicht so sehr das Streben nach Heilung. Man kann sagen, dass die Kranken
nicht einfach nur in der Gemeinschaft akzeptiert werden
müssen. Es ist vielmehr so, dass sie Gemeinschaft schaffen. Die Gemeinschaft versammelt sich um das Krankenlager. Oft helfen uns die Leidenden, zueinander zu finden.
Sie führen uns zusammen. Das ist ihr Geschenk an uns."*
(Timothy Radcliffe, anlässlich der Rosenkranzwall-
fahrt der Dominikaner). Aus der Pilger- und Gebetsgemeinschaft wird eine Solidargemeinschaft. Die

Im Dienst für die Pilger

Begleitung ist ein wechselseitiges Geben und Nehmen, was auch der Mailänder Kardinal Martini erfahren durfte, als er mit Kranken 1991 nach Lourdes kam: *„Es ist ein großes Geheimnis, dass gerade diejenigen Menschen, die jeden Tag eine so schwere Last zu tragen haben, zu einer so großen Freude fähig sind. Ich glaube, dass dies eure besondere Gabe ist, die ihr euch oft im Grenzbereich des Lebens befindet: Dass ihr uns helfen könnt, den Mittelpunkt unseres Lebens wieder zu finden, nämlich die Freude.“*

Aufnahme finden die Kranken in den Krankenherbergen, die zum großen Teil aus Spenden finanziert werden: im Accueil Marie Saint-Frai (400 Betten) nahe dem Wallfahrtsbezirk und direkt gegenüber der Grotte im neu gebauten Accueil Notre Dame (900 Betten), das in seiner Architektur an offene Arme erinnert, die die Pilger empfangen. Bekanntester Pilger, der dort Unterkunft fand, war der von seiner Krankheit gezeichnete Papst Johannes Paul II. bei seiner Wallfahrt im August 2004. Die Krankenherbergen sind trotz umfassender medizinischer Versorgung keine Krankenhäuser, sondern Orte der Begegnung und des Austauschs, wo *„der Leib gepflegt wird, um die Seele zu berühren"*, so Marie Saint-Frai, in deren Nachfolge sich bis heute Ordensschwestern um die Pilger kümmern. Entsprechend den Vorgaben moderner Krankenfürsorge wurden die Herbergen gebaut, um jeden Besucher so gut wie möglich zu versorgen. Für gemeinsame Mahlzeiten und Begegnungen gibt es Speise- und Gemeinschafträume. Von den Zimmern und der Terrasse des Accueil Notre-Dame überblicken die Pilger den Wallfahrtsbezirk.

„Ist einer von euch krank? Dann rufe er die Ältesten der Gemeinde zu sich; sie sollen Gebete über ihn sprechen und ihn im Namen des Herrn mit Öl salben. Das gläubige Gebet wird den Kranken retten, und der Herr wird ihn aufrichten; wenn er Sünden begangen hat, werden sie ihm vergeben" (Jak 5,14f.). Da so viele Kranke kommen, ist Lourdes in besonderer Weise ein Ort, an dem die Krankensalbung gespendet wird. Zu Bernadettes Zeiten wurde dieses Sakrament als „Letzte Ölung" bezeichnet, das im Angesicht des Todes ge-

---

Gebet eines Kranken

Herr, wenn du willst, kannst du mich gesund machen. So rufe ich in meiner Krankheit zu dir. Du hast die Kranken geheilt, du hast unsere Krankheiten auf dich genommen und unsere Schmerzen getragen. Durch deine Wunden sind wir geheilt. Ich bitte dich, lass mich gesund werden, und wenn nicht, gib mir die Kraft, mein Kreuz mit dir zu tragen.

(GL 10)

spendet wurde. Das 2. Vatikanische Konzil hat die ursprüngliche Bedeutung wieder herausgestellt: die Krankensalbung ist ein Sakrament der Begleitung und Stärkung für den Kranken: *„Durch diese heilige Salbung helfe dir der Herr in seinem reichen Erbarmen, er stehe dir bei mit der Kraft des Heiligen Geistes. Der Herr, der dich von Sünden befreit, rette dich, in seiner Gnade richte er dich wieder auf."* Im Empfang des Sakraments bestätigen der Kranke und die Anwesenden Christus als eigentlichen Arzt.

Das eigentliche Wunder von Lourdes ist unsichtbar, weniger spektakulär als die körperlichen Heilungen. Es ereignet sich täglich und auf vielerlei Weisen: in den Menschen, die hier in besonderer Weise Zuwendung und Hilfe erfahren; in Kranken, die Mut und Hoffnung schöpfen; in der Kraft, die Menschen einander weitergeben; im Umgang mit den kleinen oder großen Verletzungen, die jeder in seinem Leben mitträgt. Es ereignet sich in den vielen kleinen Zeichen der Solidarität und unzähligen Hilfsdiensten wie dem Schieben eines Rollstuhls oder dem Reichen einer Wasserflasche, einem Lächeln das Mut macht, im Empfang der Sakramente, in der Freude in den Augen eines Kranken, in einer Versöhnungsgeste. Wunder, die aus dem Inneren kommen, wenn *„die Gegenwart Christi die Isolierung durchbricht, die der Schmerz hervorruft"* (Benedikt XVI. am 15. September 2008).

Nachttlitanei

V   *Für alle Glaubenden, die dich in der Nacht dieser Welt erwarten,*
    und für alle, die in der Nacht des Glaubens leben.

V/R *Herr Jesus, durch die Nacht deines Leidens, in der du für diese*
    Menschen gelitten hast, bitten wir dich: Kyrie eleison.

A   *Kyrie eleison.*

V   *Für alle, auf denen die Nacht der Gewalt,*
    des Elends, der Not oder des Krieges lastet. R –

V   *Für alle Kranken und Sterbenden,*
    die diese Nacht in ihrem Leiden verbringen. R –

V   *Für alle, die keinen Schlaf finden*
    und für die diese Nacht nie zu enden scheint. R –

V   *Für alle Gefangenen,*
    und für die, die im Schutz der Nacht gefoltert werden. R –

V   *Für alle Vertriebenen und Obdachlosen,*
    und für die, die einsam in dieser Nacht umherirren. R –

V   *Für alle, die in dieser Nacht arbeiten und sich abmühen,*
    und für die, die in der Nacht der Arbeitslosigkeit sind. R –

V   *Für jene, die in der Unsicherheit der Nacht reisen,*
    und für alle, die das Licht suchen. R –

V   *Für alle Ungeborenen im Schoß ihrer Mütter,*
    und für alle, die das Licht des Lebens nie sehen werden. R –

V   *Für die, die sich im Frieden der Nacht ausruhen,*
    und für die, die sich im Schweigen der Nacht lieben. R –

V   *Für unsere Verstorbenen,*
    die noch nicht in das Licht deiner Herrlichkeit eingegangen sind.
    R –

V   *Für uns Sünder, die wir in der Nacht weiterschreiten*
    auf das Licht deines Tages hin, der keinen Abend mehr kennt. R –

Jung sein und katholisch

Jung sein und katholisch

Unter denen, die die Wallfahrt mitprägen, sind die Jugendlichen, die vor allem in den Ferienzeiten Lourdes zur jüngsten Stadt Frankreichs machen; ca. eine halbe Million kommt jährlich. Glaube ist für sie keine Selbstverständlichkeit in ihrer meist säkularen Umgebung. Die Gemeinschaft Gleichgesinnter ist ein Weg und ein Geschenk. Sie kommen allein, in Gruppen, mit den großen Wallfahrten. Zum Teil finden sie im Jugenddort Aufnahme, wo sie miteinander beten und feiern, aber auch Orte der Stille und des Austauschs finden. Auf Wunsch werden sie vom Jugenddienst betreut und begleitet, sie können auch selbst Dienste übernehmen. So erleben sie Kirche als eine Gemeinschaft, die sie nicht vereinnahmt, sondern die sie mitgestalten können, eine Kirche aus allen Generationen, die sich gegenseitig bereichern: der christliche Glaube als Kraft, die die Menschen in Bewegung bringt. In der Lebensgeschichte Bernadettes können sie ihr eigenes Leben entdecken und Antworten finden: *„Ihr sucht ja nach einer Antwort, die eurem Leben Sinn geben kann. Hier könnt ihr sie finden. Es ist eine anspruchsvolle Antwort, aber auch die einzige, die wirklich Wert hat. In ihr findet sich das Geheimnis der wahren Freude und des Friedens"* (Johannes Paul II. am 15. August 2004 an die Jugendlichen).

„Nächstenliebe hat keine Stunde": die Cité Saint-Pierre

Eines der Wunder von Lourdes ist die Cité Saint-Pierre, die 1955 von dem Priester Jean Rodhain für bedürftige Pilger geschaffen wurde: ein Ort des sozialen Engagements, wo 20.000 Pilger im Jahr betreut und begleitet werden. Die Arbeit übernehmen Ehrenamtliche und entstehende Kosten werden durch Spenden gedeckt. Eine Besonderheit ist der Tabernakel im Schafstall, einer Nachbildung des Stalles von Bartrès, der als Kapelle dient: eine alte Balkenwaage mit beiden

Cité Saint-Pierre: Tabernakel im Schafstall

Waagschalen im Gleichgewicht. Auf der einen Waagschale liegt die „andere Welt", der Tabernakel mit dem eucharistischen Brot. Sie ist im Gleichgewicht mit „dieser Welt", symbolisiert durch eine Weltkugel, einige Getreideähren und einer Schale Reis. Den Zusammenhang deutet der Stern über der Waage mit einem Zitat aus dem Matthäusevangelium: *„Ich war hungrig, und ihr habt mir zu essen gegeben."* Beide Welten gehören zusammen, wie Jean Rodhain, der neben dem Schafstall begraben liegt immer wieder sagte: *„Christus ist meine Liebe zu anderen."*

Ein Friedensweg mit zwölf Stationen, die an Ereignisse und Personen des 20. Jahrhunderts erinnern, will helfen, die eigene Haltung zu Krieg und Frieden im Licht der Heiligen Schrift zu bedenken: Lourdes, ein Ort des Friedens und der Versöhnung, denn das Ende eines Krieges ist nicht Sieg oder Niederlage, sondern die Versöhnung.

Militärwallfahrt: Die Schweizer Garde des Papstes

Deutsche Militärkapelle
bei der Militärwallfahrt

Friede ist möglich: die Internationale Militärwallfahrt (PMI)

Lourdes wurde von den Zerstörungen durch die Kriege verschont, doch es kamen und kommen Pilger, die sichtbare und unsichtbare Zerstörungen durch Kriege und Gewalt mit sich tragen. Einer der vielen, die in Lourdes Zuflucht fanden, ungeachtet ihrer Herkunft oder Religion, war der Jude Franz Werfel auf seiner Flucht vor den Nationalsozialisten. Beeindruckt von der Lebensgeschichte Bernadettes und zum Dank für seine Rettung schrieb er den Roman „Das Lied der Bernadette".

Von Lourdes aus verbreitete sich seit 1947 die christliche Friedensbewegung Pax Christi. Das Relief am Esplanade-Eingang der Pius-Basilika – schützende Hände, die die Erdkugel halten – wurde von Pax Christi gestiftet und mahnt: *„Christus schenkt uns sei-*

Friede ist möglich: die Internationale Militärwallfahrt

nen Frieden und bittet uns, ihn zu verwirklichen." 1958, als die Feindbilder aus dem 2. Weltkrieg noch tief verwurzelt waren, kamen erstmals deutsche Soldaten in Uniform unter Leitung des Münchner Kardinals Wendel nach Frankreich und reichten in Lourdes den ehemaligen Gegnern die Hände – ein wichtiger Schritt auf dem Weg zur deutsch-französischen Freundschaft. Seither leisten Soldaten aus über 100 Ländern, darunter auch die Schweizer Garde des Papstes, bei der Internationalen Militärwallfahrt ihren aktiven Beitrag zum Frieden. Soldaten aus unterschiedlichen Ländern lernen sich kennen, und gemeinsam beten sie um den Frieden.

„Das Schönste an Lourdes ist das, was man nicht sieht", sagte André Besombes, der Mitbegründer der Internationalen Militärwallfahrt kurz nach dem 2. Weltkrieg. Das eigentliche Wunder ist das Herz, das sich ändert – und dieses Wunder geschieht in Lourdes täglich, im Stillen, aber nicht weniger bedeutsam.

Erinnerung an die Papstbesuche

Heiliger Bezirk mit Bretonischem Kreuz und Esplanade

Die Geschichte der Wallfahrt von den ersten An-
fängen bis heute ist dokumentiert im Schatzmu-
seum der Wallfahrtsstätte gegenüber der Oberen
Basilika in Andachtsgegenständen, liturgischen Ge-
räten und Gewändern, zahlreichen Geschenken (darunter die goldenen Rosen der Päpste Pius IX. und
Johannes Paul II.).

Nach der offiziellen Anerkennung durch die Kirche konnte gemäß dem Wunsch der Gottesmutter mit
dem Bau einer Kirche begonnen werden. Aufgrund
der ständig steigenden Pilgerzahlen wurden weitere
Kirchen nötig. Heute gibt es im Wallfahrtsbezirk (frz.
„Sanctuaires") 22 Orte für liturgische Feiern. Drei
davon erhielten den Ehrentitel einer Basilika, was die
Bedeutung der Wallfahrtsstätte bestätigt: die Basilika
der Unbefleckten Empfängnis (genannt „Obere Basilika"), die Rosenkranzbasilika und die Basilika St. Pius
X. (genannt „Unterirdische Basilika").

Die Eingänge

> ### Gebet am Eingang
>
> *Du, Herr, bist die Tür. Du lässt uns ein in das Himmelreich und schenkst uns das ewige Leben. Mach uns bereit, Herr, die Zeit der Begegnung mit Maria, unserer Mutter, freudig zu erleben und ihren Aufruf zur Umkehr zu hören.*

Tag und Nacht ist der Wallfahrtsbezirk zugänglich. Bei Nacht ist der Zugang über den Serpentinenweg oberhalb der Oberen Basilika möglich. Ab dem frühen Morgen und bis Mitternacht sind die beiden Haupteingänge geöffnet: seitlich der Eingang St. Joseph, benannt nach der Statue des hl. Joseph, der *„hier als Hüter aufgestellt ist"*, wie die Inschrift besagt. Gleich dahinter, auf dem Weg zum Rosenkranzplatz sieht der Pilger eine Figurengruppe aus Carrara-Marmor mit dem Titel „Salus Infirmorum", eine Ehrerbietung an Maria, die auch unter dem Titel „Heil der Kranken" um ihre Fürsprache angerufen wird.

Von der Stadt aus betreten die Pilger den Wallfahrtsbezirk über den Eingang St. Michael. Am Tor stehen die Statuen der Erzengel: rechts Raphael, der Beschützer der Reisenden; in der Mitte Michael als Hüter der Tore und des Paradieses und auf der linken Seite Gabriel, der Bote Gottes.

Die Esplanade

Der Wallfahrtsbezirk wird auch „Heiliger Bezirk" genannt wegen der Vielzahl der Orte, wo gebetet und Gottesdienst gefeiert wird. Gleich hinter dem Eingang St. Michael steht das Bretonische Kreuz. Daran vorbei geht der Pilger die 300 Meter lange Esplanade, den großen Prozessionsweg, vorbei auf der rechten Seite am Accueil Jean-Paul II, der ehemaligen Krankenher-

Wallfahrtsgruppe vor dem Eingang zur Basilika

berge. Heute sind darin verschiedene Räume für Gottesdienste und Andachten, das Büro der Hospitalité Notre-Dame de Lourdes und die Beichtkapelle untergebracht. Ungefähr in der Mitte der Esplanade auf der Seite des Accueils befindet sich eine Statue der heiligen Theresia von Lisieux; sie zeigt die Heilige Schrift als Weg zur Vollkommenheit. Gegenüber ist Bernadette als Hirtenmädchen dargestellt.

Anlässlich der 100-Jahrfeier der Erscheinungen wurde entlang der Esplanade 1958 eine der größten Kirchen der Welt geschaffen, die unterirdische Basilika St. Pius X.

Internationale Messe in der Unterirdischen Basilika

Die Basilika St. Pius X. (Unterirdische Basilika)

Um den Charakter des Wallfahrtsbezirks nicht zu stören und den Prozessionsweg zu erhalten, schuf der Architekt Pierre Vago in nur 22 Monaten diese Kirche, die 25.000 Menschen Platz bieten kann und für Kranke und Behinderte leicht zugänglich ist. Kardinal Angelo Roncalli, der wenige Monate später als Johannes XXIII. zum Papst gewählt wurde, konnte die Kirche am 25. März, dem Hochfest der Verkündigung an Maria, einweihen. Die Kirche wurde Papst Pius X., dem „Papst der Eucharistie" geweiht, der im Erscheinungsjahr 1858 zum Priester geweiht und 1950 heilig gesprochen wurde. Eine Reliquie von ihm befindet sich in der Pax-Christi-Kapelle.

Die Basilika St. Pius X. (Unterirdische Basilika)

Die Form der Kirche wird verschieden gedeutet: als beschützendes Schiff; als Fisch, dem urchristlichen Bekenntnis zu Jesus als Sohn Gottes und Retter; als Weizenkorn, das zu Brot wird; oder als traditionelle Mandorla romanischer Kirchen, Hinweis auf Jesus als Weltenherrscher. Pfeiler tragen das mächtige Gewölbe, zwischen denen die Bilder von Heiligen und Seligen aus der ganzen Welt und Mariendarstellungen des Marianischen Netzwerkes hängen. Die Heiligen weisen auf die Bestimmung des Menschen hin und zeigen, wie vielfältig die Wege zu Gott sind.

In der Mitte der Basilika auf einem Podest steht der Hauptaltar. In ihn wurden Reliquien eingelassen von Ordensleuten, die für ihren Glauben gestorben sind: vom polnischen Jesuiten Andreas Bobola, dem Maristenpater Pierre Chanel und dem Lazaristen Jean-Gabriel Perboyre. Neben dem Altar schuf der Künstler Louis Pustetto 2001 eine Kreuzigungsgruppe mit Maria und Johannes.

Bei der Internationalen Messe, die in der Regel jeden Mittwoch und Sonntag während der Wallfahrtssaison hier gefeiert wird, zeigt sich in der Vielfalt der Pilger aus aller Welt die pfingstliche Erfahrung eines Volkes aus vielen Nationen.

Hinter den Priestersitzen öffnet sich die Pax-Christi-Kapelle, ein Ort der Anbetung und des Gebets. Der Name erinnert an das ehemalige Friedensdenkmal an dieser Stelle und an die Notwendigkeit der Völker, für den Frieden einzutreten. Als Zeichen der Versöhnung zwischen Frankreich und Deutschland nach dem zweiten Weltkrieg werden in dieser Kapelle im „Altar der Versöhnung der Völker" Reliquien des französischen Bernhard von Clairvaux und der deutschen Hildegard von Bingen, die beide im 12. Jahrhundert gelebt haben, aufbewahrt.

Die Basilika St. Pius X. (Unterirdische Basilika)

Eine Besonderheit sind die Gemmail-Bilder, die „Kunst des Lichts", Bilder aus bunten Glasstücken die von hinten beleuchtet werden. Drei große Zyklen erzählen die Erscheinungen, die Rosenkranzgeheimnisse und den Kreuzweg. Unter den Einzeldarstellungen ist besonders eindrucksvoll die sog. „Barque de Meb" beim Eingang zur Sakristei: Die Barke wurde von Meb, einem Künstler mit Down-Syndrom geschaffen, der selbst das Bild deutet: *„Die Wolken haben sich geöffnet, und dein Licht, o Herr, ist zu uns gekommen. Jesus schläft im Boot, er ist da."*

Der Rosenkranzplatz

Zur gekrönten Madonna am Übergang von der Esplanade zum Rosenkranzplatz kommen täglich zahlreiche Pilger. Viele legen dort Blumen nieder. Diese werden nach einem Tag wieder entfernt, um daraus den Blumenschmuck für die Kirchen im Wallfahrtsbezirk zu binden. Der große Platz, der zwischen 80.000 und 100.000 Menschen aufnehmen kann wirkt wie eine Kirche unter freiem Himmel. Hier werden Gottesdienste gefeiert und in der Regel endet hier die tägliche Lichterprozession. Die beiden Rampen sind den Kolonnaden des Petersplatzes in Rom nachempfunden: offen und einladend, ohne einzuschließen – Zeichen für eine einladende Kirche und die Verbundenheit von Lourdes und Rom.

Gekrönte Madonna am Rosenkranzplatz

Die Rosenkranzbasilika

Die Kirche im romanisch-byzantinischen Stil wurde am 6. Oktober 1901, dem Fest Unserer Lieben Frau vom Rosenkranz, eingeweiht. Sie bietet bis zu 1.500 Pilgern Platz. Über dem Grundriss in Form eines griechischen Kreuzes wölbt sich die Kuppel als Symbol des Himmels. Die goldene Krone, besonderes Zeichen der Ehrerbietung, ist ein Geschenk irischer Pilger.

Der Name der Basilika erinnert daran, dass Maria bei allen Erscheinungen einen Rosenkranz in der Hand hielt und zusammen mit Bernadette betete. Täglich übernehmen die Pilger bei der abendlichen Lichterprozession, in Gemeinschaft oder still für sich, dieses Gebet. Über dem Hauptportal laden die Madonna mit dem Jesuskind, das dem hl. Dominikus den Rosenkranz übergibt, zum Rosenkranzgebet ein: *„Quasi rosa plantata super rivos aquarum fructificate"* (er bringt Frucht wie die Rose, die am Wasserlauf wächst) und die Pilger bitten: „Regina Sacratissimi Rosarii o.p.n." (Königin des hl. Rosenkranzes, bitte für uns)

Das Mosaik über dem Hauptaltar verehrt Maria als Königin der Engel in Gestalt der Schutzmantelmadonna. Daneben stehen die Worte: *„Par Marie à Jesu"* – *„durch Maria zu Jesus"*, oder wie Papst Paul VI. einmal sagte: *„Maria ist immer die Straße, die zu Christus führt"*.

Die Altarbilder des Kapellenkranzes sind Mosaikdarstellungen mit den fünfzehn Rosenkranzgeheimnissen zur Meditation des Lebens Jesu. Jeder Altar ist mit Rosen geschmückt: weiße Rosen für die freudenreichen, rote für die schmerzhaften und gelbe für die glorreichen Geheimnisse.

Johannes Paul II. hat den traditionellen fünfzehn Geheimnissen noch die fünf lichtreichen hinzugefügt,

Rosenkranzbasilika

die Jesus als das Licht der Welt zeigen in den Höhe-
punkten seines öffentlichen Wirkens.

Zum Jubiläumsjahr 2008 hat der slowenische
Pater Marko Ivan Rupnik an der Fassade der Basilika
diese fünf Geheimnisse in Mosaiken dargestellt: im
Zentrum die Hochzeit von Kana im Moment, als kein
Wein mehr da ist, ein Mangel, den nur Jesus beheben
kann. Die Hochzeit und der Wein sind gleichsam Vor-
wegnahme des letzten Abendmahls mit Einsetzung
der Eucharistie. Eingerahmt sind die beiden Ereig-
nisse von der Taufe und Verklärung Jesu; dahinter die
Verkündigung des Reiches Gottes, gegenwärtig in der
Sendung des Heiligen Geistes und der Heilung des
Gelähmten.

Die beiden Rampen führen hinauf zur oberen
Ebene mit der Krypta und der Basilika der Unbe-

fleckten Empfängnis. Auf dem Weg wird der Pilger von Heiligen begleitet (von unten nach oben, jeweils links und rechts):

– Aus der Geschichte Frankreichs:

Remigius, der „Apostel Frankreichs", Bischof von Reims, mit der Taube, die aus dem Himmel den Chrisam zur Salbung Chlodwigs, des ersten christlichen Königs von Frankreich, bringt.

Martin, Bischof von Tours, einer der Mitbegründer des westlichen Mönchtums, die Arme zum Gebet erhoben.

– Zwei Heilige der Nächstenliebe:

Vincenz von Paul, der einem Kind Brot gibt, Hinweis auf die Gemeinschaft der Barmherzigen Schwestern (Vinzentinerinnen), die er gründete.

Louis-Marie Grignon de Montfort, den gekreuzigten Jesus im Arm haltend. Der Wahlspruch Johannes Paul II. *„Totus tuus"* (Ganz der Deine) entstammt den Schriften von Grignon de Montfort.

– Die Eltern Marias:

Joachim mit dem Taubenpaar im Korb, das Dankopfer für die Geburt Mariens.

Anna, die Maria in der Heiligen Schrift unterrichtet.

– Zwei große Marienverehrer:

Bernhard von Clairvaux als Abt, Mitbegründer der Zisterzienser und großer Prediger, Namenspatron Bernadettes.

Hyazinth von Polen, mit Marienstatue und Ziborium, der sein Land rettete, indem er den Feinden mit der geweihten Hostie entgegen trat.

– Wegweiser zu Jesus:

Johannes der Täufer mit dem Kreuz und zum Himmel weisend, der Vorläufer Jesu.

Johannes der Evangelist mit Schreibfeder und Buch, Hinweis auf sein Evangelium.

Die Krypta

Die Krypta war die erste Kirche, die in vierjähriger Bauzeit direkt über der Erscheinungsgrotte in den Felsen gebaut wurde. Bei ihrer Einweihung zu Pfingsten 1866 (19. Mai) war Bernadette anwesend. Gleich hinter dem Eingang steht eine Nachbildung der Petrusstatue aus dem Petersdom in Rom: Petrus, der Fels – ihm und seinen Nachfolgern hat Jesus die Sorge um seine Kirche anvertraut.

Der 25 Meter lange Gang in die Krypta ist voll mit Hunderten von Votivtafeln mit der Aufschrift „Reconnaissance" oder „Merci" – Ausdruck der Dankbarkeit der Pilger für einen Gott, der an ihrem Leben Anteil nimmt.

Weg zur Krypta und Oberen Basilika

Die Krypta ist vor allem ein Ort der Stille und des persönlichen Gebets. Die Marienstatue stammt ebenso wie die aus der Grotte von Joseph Fabisch. Der Sakramentsaltar im Zentrum erinnert, dass Ziel jeder Wallfahrt Jesus Christus ist, Zeugnis für Gottes Gegenwart unter den Menschen.

Auf der linken Seite schließen sich die Petruskapelle und die des Allerheiligsten Herzens Jesu an, rechts vom Hauptaltar die Josephskapelle und die Kapelle Johannes des Evangelisten. In einer Seitenkapelle (hinten rechts) wird eine Reliquie der hl. Bernadette in einem kostbaren Schrein aufbewahrt (Chasse de Ste Bernardette). Am 18. Februar (in Frankreich Fest der hl. Bernadette) wird der Schrein in feierlicher Prozession durch die Stadt getragen.

Die Basilika der Unbefleckten Empfängnis (Obere Basilika)

Über der Krypta entstand in neunjähriger Bauzeit die Basilika der Unbefleckten Empfängnis, eine neugotische Kirche für 700 Menschen. Jede volle Stunde spielen die Glocken der Basilika das Ave-Maria des Lourdes-Liedes.

An der Fassade erinnern die Mosaik-Medaillons an Pius IX., der 1854 das Dogma der unbefleckten Empfängnis verkündete, und an Pius X., der in einem Dekret 1907 den 11. Februar als Gedenktag Unserer Lieben Frau von Lourdes für die ganze Kirche einführte.

Rechts nach dem Eingang bestätigt eine Marmortafel die kirchliche Anerkennung der Erscheinungen durch Bischof Laurence. Auch in dieser Basilika bezeugen Votivtafeln die Hilfe, die Menschen hier erlangt haben. Eine Besonderheit sind die Votivherzen, aus denen an den Wänden die Worte Marias bei den Erscheinungen geschrieben sind.

Im Chorraum unmittelbar über der Grotte steht eine Marienstatue des Bildhauers Emilien Cabuchet: Maria als lächelnde junge Frau. Eine Kopie dieser Marienstatue führt jeden Abend die Lichterprozession an.

Die Reliefs am Altar, auf dem der Tabernakel steht (Verkündigung an Maria, Begegnung von Maria und Elisabet, Krönung Marias im Himmel, Erscheinung Marias in Lourdes) sind Hinweis auf Maria als Erst- und Ganzerlöste.

Die Kapellen in der Apsis verbinden Lourdes mit anderen Marienerscheinungen (Unsere Liebe Frau vom Sieg; Unsere Liebe Frau vom Berg Karmel; Unsere Liebe Frau vom Rosenkranz; Unsere Liebe Frau von La Salette; Unsere Liebe Frau von Pontmain).

Eine Besonderheit sind die Fenster der Basilika. Die 19 großen Fenster des Kirchenschiffs erzählen die Geschichte der Erlösung vom Alten Testament über das Neue bis in die Gegenwart. Auf der linken Seite: Vertreibung Adam und Evas aus dem Paradies; Arche Noah; Opferung Isaaks; Mose beim brennen-

Die Obere Basilika

den Dornbusch; David und Salomo; Judith, die ihr
Volk vor der Knechtschaft rettet; Krönung Esthers;
Anna und Joachim, die Eltern Marias; auf der rechten
Seite: Verkündigung an Maria; Vision der Frau mit
den zwölf Sternen; die westlichen Kirchenväter Am-
brosius und Augustinus; die östlichen Kirchenväter
Chrysostomos und Ephraim; die Päpste Sixtus IV. und
Pius V., die die Verehrung der Unbefleckten Emp-
fängnis förderten; das Konzil von Trient im Bekennt-
nis zur Unbefleckten Empfängnis; der französische
König Ludwig XIII., der sein Land der Gottesmutter
weihte; die Heilung von Madame Lambert in Lourdes;
feierliche Erklärung des Dogmas der Unbefleckten
Empfängnis im Petersdom in Rom. Im zentralen

Hauptfenster werden über Maria die Gnadengaben des dreifaltigen Gottes ausgegossen.

Die Fenster der Seitenkapellen erzählen die Geschichte von Lourdes: (beginnend hinten links) die Erscheinungen in der Grotte; die Verhöre und Anerkennung durch die bischöfliche Kommission; die Segnung bzw. Einweihung der Grotte, der Krypta und der Oberen Basilika; die Einkleidung Bernadettes in Nevers; Heilungen und Wallfahrten, bis zur Krönung der Marienstatue auf dem Rosenkranzplatz im Jahr 1876.

Vom Rosenkranzplatz aus geht ein Weg unter den Arkaden hindurch zum Grottenbereich.

Eine Brücke führt auf die andere Seite des Gave, zur Krankenherberge Accueil Notre-Dame und direkt gegenüber der Grotte, wo Bernadette die letzte Erscheinung erlebte. Dort befinden sich die Kirche St. Bernadette, die Anbetungskapelle und das Hémicycle mit verschiedenen Tagungs- und Versammlungsräumen, wo sich z. B. jedes Jahr die französische Bischofskonferenz versammelt, um dort gemeinsam im Licht des Evangeliums zu beraten und Kraft für ihre Aufgaben zu schöpfen.

Die Kirche St. Bernadette und die Anbetungskapelle

Mit der 1988 eingeweihten Kirche wollte der Architekt Jean-Paul Félix in dem Sakralraum einen Spiegel der Welt von heute schaffen: Die offene Zeltarchitektur aus Stahl und Beton repräsentiert den modernen Menschen in seinem Unterwegssein auf der Suche nach Sinn. Das große Holzkreuz mit dem Gekreuzigten, der den Tod bereits besiegt hat, ist die „andere Welt". Die weit geöffneten Armen des Gekreuzigten sind eine Einladung, sie anzunehmen.

Die Kirche St. Bernadette und die Anbetungskapelle

Das Marienbild Unserer Lieben Frau der Gnaden, eine Nachbildung der Madonna von Cambrai, ist nach Bernadettes Angaben das Bild, das Maria bei den Erscheinungen am ähnlichsten ist.

Die Anbetungskapelle greift in ihrer Form das biblische Offenbarungszelt auf: Darin begleitete Gott sein Volk durch die Wüste ins gelobte Land und ging ihm in der Dunkelheit in einer Feuersäule voraus, der Form des Tabernakels, wo Jesus in Gestalt der Eucharistie gegenwärtig ist. Die zwölf Säulen repräsentieren die zwölf Apostel als Säulen des neuen Gottesvolkes, und versinnbildlichen das himmlische Jerusalem, zu dem Jesus Christus sein Volk durch die Zeiten begleitet und stärkt.

Die Erinnerung an den Schutz des mitgehenden Gottes sind im zeltüberdachten Freiluftaltar ebenso präsent wie im Anbetungszelt, wo tagsüber die Eucharistie ausgesetzt ist: Bekenntnis zu Gottes Gegenwart im eucharistischen Brot.

Zelt der Anbetung

Ein Weg auf den Spuren Bernadettes ist nicht nur ein biographischer, sondern er kann zu einem Weg werden, der wichtige Dimensionen eines christlichen Lebens aufzeigt.

Das Museum St. Bernadette

Im Eingangsbereich zeigt ein historisches Modell von Lourdes den Weg, den Bernadette zur Grotte gegangen ist. Die Ausstellung vertieft Bernadettes Leben in zahlreichen Photos, Bildern (darunter auch das einzige, für das Bernadette Portrait gesessen hat) und Erinnerungsgegenständen; einige der Erscheinungen in den Nachbildungen der Glasfenster der Oberen Basilika; dazu die Entwicklung des Heiligen Bezirks und die fünf Zeichen von Lourdes.

Unterhalb der alten Burg am ehemaligen Lapaca-Bach steht noch das Geburtshaus Bernadettes, die **Mühle Boly**: im 1. Stock das Elternschlafzimmer, in

Eingang zur Unterirdischen Basilika und die Burg

Mühle Boly

dem Bernadette geboren wurde und im Erdgeschoss die Küche und die alte Mühle. Während der zehn Jahre, die Bernadette dort mit ihrer Familie lebte, waren sie nicht reich, aber die Mühle gab ihnen einen gewissen Wohlstand und sicherte ihren Lebensunterhalt. Die Straße führt weiter zum sog. **„Maison Paternelle"**, dem Vaterhaus. Als Bernadette schon bei den Schwestern war, zog ihre Familie dort ein. Von hier aus ging François in seinen letzten Lebensjahren zur Arbeit, die er als Tagelöhner beim Bau der Krypta gefunden hatte. Die Gräber von Bernadettes Eltern sowie die ihres Beichtvaters Abbé Pomian und des Bürgermeisters Lacadé sind auf dem **Friedhof Egalité** von Lourdes.

Die Pfarrkirche Sacre-Coeur (Herz Jesu): Gott liebt mich wie ich bin

Die heutige Pfarrkirche Sacre-Coeur in der Oberstadt wurde an Stelle der alten Peterskirche errichtet, in der

Bernadette in ihrer Gemeinde ihren Glauben lebte, wo sie die Gottesdienste besuchte.

Rechts von der Kirche steht eine Statue Pfarrer Peyramales, der in der Krypta bestattet ist.

Das Eingangsportal schmücken Heilige, die in Frankreich sehr verehrt werden (Genoveva; Germaine; Johanna von Orleans; Bernadette; Vinzenz von Paul, Jean-Marie Vianney, besser bekannt als Pfarrer von Ars; Michel Garicoits und Pascal Baylon).

In der hinteren linken Seitenkapelle befindet sich die Taufkapelle mit dem Taufstein aus der alten Kirche. Dorthin wurde Bernadette am 9. Januar 1844, zwei Tage nach ihrer Geburt, gebracht, um in die christliche Gemeinde aufgenommen werden (vgl. Kopie der Taufurkunde, die angesengt ist durch einen Brand in der Kirche). Seit dem Jubiläumsjahr 2008 zeigt dort ein bemaltes Relief Szenen aus dem Leben Bernadettes (beim Schafe hüten, im Cachot, beim Verhör, an der Grotte, bei Pfarrer Peyramale, ihre Erst-

Taufkapelle in der Pfarrkirche

kommunion; im Zentrum Maria als Unbefleckte Empfängnis).

Die Ausstattung der Kapelle ruft die Taufe in Erinnerung: das Becken mit dem Taufwasser; die Osterkerze, an der die Taufkerzen entzündet werden; die Gemmail-Darstellung des Fischfangs; die Statue Johannes des Täufers, der Jesus im Jordan taufte und auf ihn als das Lamm Gottes zeigt.

Es ist ein Ort, sein Taufversprechen zu erneuern und sich Zeit zu nehmen: Was habe ich aus meiner Taufe gemacht?

Am Taufstein verneigen sich die Pilger und bekreuzigen sich mit dem Weihwasser und beten:

Herr, durch die Taufe hast du mich in dein Reich aufgenommen. In Bernadette hat diese Taufe Früchte der Heiligkeit getragen. Meine Wallfahrt zu diesem Ort erneuere mich in der Gnade der Taufe.

1. **Fest soll mein Taufbund immer stehen,** / ich will die Kirche hören. / Sie soll mich allzeit gläubig sehen / und folgsam ihren Lehren. / Dank sei dem Herrn, der mich aus Gnad / in seine Kirch' berufen hat; / nie will ich von ihr weichen.
2. Fest soll mein Taufbund immer stehen, / zum Herrn will ich gehören. / Er ruft mich, seinen Weg zu gehen / und will sein Wort mich lehren. / Wer kann ermessen, welche Gnad / mir Gott, der Herr, erwiesen hat? / Mein Leben soll es danken.

(1. Str. GL 848; 2. Str. frei nach Militärwallfahrt 2008, Nr. 65)

Das Cachot: Gott ruft die Menschen

Das dunkle und feuchte Cachot, in dem Bernadette mit ihrer Familie im Elend leben musste, macht bewusst, dass gerade in der Armut Gott dem Menschen

begegnet. Bernadette erlebte hier eine Familie, in der zusammen gebetet und der christliche Glaube gelebt wurde, der ihrem Leben gerade in den schweren Zeiten Halt gab.

Neben Erinnerungen an Bernadette (ihr einfacher Holzrosenkranz; das Capulet, ein Umhang, der im Winter als Kälteschutz diente; ihre Holzschuhe) steht dort auch die Madonna aus der alten Pfarrkirche, vor der Bernadette häufig betete.

Madonna im Cachot

Das Cachot ist ein Ort, darüber nachzudenken, dass Gott nicht nach den Maßstäben dieser Welt urteilt und seine Option für die Armen und gering Geachteten. Diesen Gott preist Maria im Magnificat:

1. *„Meine Seele preist die Größe des Herrn,**
   und mein Geist jubelt über Gott, meinen Retter.

2. *Denn auf die Niedrigkeit seiner Magd hat er geschaut.**
   Siehe, von nun an preisen mich selig alle Geschlechter.

3. *Denn der Mächtige hat Großes an mir getan,**
   und sein Name ist heilig.

4. *Er erbarmt sich von Geschlecht zu Geschlecht**
   über alle, die ihn fürchten.

5. *Er vollbringt mit seinem Arm machtvolle Taten:**
   er zerstreut, die im Herzen voll Hochmut sind;

6. *er stürzt die Mächtigen vom Thron**
   und erhöht die Niedrigen.

7. *Die Hungernden beschenkt er mit seinen Gaben**
   und lässt die Reichen leer ausgehen.

8. *Er nimmt sich seines Knechtes Israel an**
   und denkt an sein Erbarmen,

9. *das er unseren Vätern verheißen hat,**
   Abraham und seinen Nachkommen auf ewig."
   (Lk 2,46-55)

*Herr, du hast auf die Demut deiner Dienerin Maria ge-
schaut und sie erwählt, um der Welt deinen Sohn zu
schenken. Eine Unbekannte aus Nazaret ist die Mutter
Gottes geworden. Um an die Botschaft des Evangeliums
zu erinnern, hast du in diesem Cachot Bernadette erwählt, die elend war in den Augen der Welt. Erneuere
meinen Blick auf die Ärmsten und lasse mich leben aus
dem Geist des Magnificat.*

Der Weg zum Hospiz führt vorbei am alten Pfarrhaus, wo Pfarrer Peyramale mit drei weiteren Priestern lebte. Äußerlich hat sich das Haus kaum
verändert, in dem heute die städtische Bibliothek von
Lourdes untergebracht ist. Mehrmals war Bernadette
zu diesem Haus gekommen: um sich für ihre Erstkommunion anzumelden, zu mehreren Verhören und
um den Wunsch der Gottesmutter zu überbringen.

Das Hospiz: auf Gottes Ruf antworten

Auf dem Gelände des Städtischen Krankenhauses
liegt das ehemalige Hospiz, in dem Bernadette von
den Schwestern aufgenommen wurde, um sie vor der

aufdringlichen Öffentlichkeit zu beschützen. Hier konnte sie sich auf ihre Erstkommunion vorbereiten, die sie am 3. Juni 1858, dem Fronleichnamsfest, noch während der Erscheinungen, in der Hauskapelle (oratoire) empfangen durfte: *„Ich war nichts und aus diesem Nichts hat Jesus etwas Großes gemacht, denn durch die hl. Kommunion bin ich in gewisser Weise vergöttlicht."* Dort reifte ihre Berufung zum Ordensleben und dem Dienst an den Kranken. Bilder und Briefe erzählen von dieser Zeit.

Die Pilger kommen in das alte Oratorium und bekennen sich in der Verehrung des Altars zur Gegenwart Christi in der Eucharistie, dem „Sakrament des Altares". Was bedeutet die Eucharistie und damit Christus in meinem Leben, welchen Platz nimmt er ein?

Lied: Sakrament der Liebe Gottes

1. Sakrament der Liebe Gottes: / Leib des Herrn, sei hochverehrt, / Mahl, das uns mit Gott vereinigt, / Brot, das unsre Seele nährt, / Blut, in dem uns Gott besiegelt / seinen Bund, der ewig währt.

2. Lob und Dank sei Gott dem Vater, / der das Leben uns verheißt, / seinem Wort, dem ewgen Sohne, / der im Himmelsbrot uns speist; / auch der Born der höchsten Liebe / sei gelobt, der Heilge Geist. / Amen. (GL 542)

Belebe in mir, Herr, die Liebe zur Eucharistie und mein Engagement im Dienst aller, die sich auf meinem Weg befinden und die bedürftig sind. Bernadette, bitte für mich. Du hast in deinem Leben Eucharistie und Dienst verbunden. Jetzt bist du ganz im Licht, nahe bei ihm.

Der Pilgerweg führt dann wieder zurück in den Wallfahrtsbezirk, zur Grotte, dem Ort, der durch die Erscheinungen der Gottesmutter zu einem Ort des
Gebets geworden ist. Sonntags wird nach der Internationalen Messe bei schönem Wetter an der Grotte
der Engel des Herrn gebetet. Das Gebet lädt ein, in-
nezuhalten und über das Geheimnis der Menschwerdung des Gottessohnes, seinen Tod und seine Auferstehung nachzudenken.

V	Angelus domini nuntiavit Mariae	Der Engel des Herrn brachte Maria die Botschaft
A	Et concepit de Spiritu Sancto.	Und sie empfing vom Hl. Geist
	Ave Maria, gratia plena,	Gegrüßet seist du, Maria …
	Dominus tecum.	
	Benedicta tu in mulieribus,	
	et benedictus fructus ventris	
	tui, Jesus.	
	Sancta Maria, Mater Dei,	
	ora pro nobis peccatoribus,	
	nunc, et in hora mortis nostrae.	
	Amen.	

V	Ecce ancilla Domini	Maria sprach: Siehe, ich bin die Magd des Herrn
A	Fiat mihi secundum verbum tuum.	Mir geschehe nach deinem Wort.
	Ave Maria …	Gegrüßet seist du, Maria …
V	Et verbum caro factum est,	Und das Wort ist Fleisch geworden
A	Et habitavit in nobis.	Und hat unter uns gewohnt.
	Ave Maria …	Gegrüßet seist du, Maria …
V	Ora pro nobis, Sancta Dei Genitrix,	Bitte für uns, heilige Gottesmutter,
A	Ut digni efficiamur promissionibus Christi.	Dass wir würdig werden der Verheißung Christi.

V Oremus:

Gratiam tuam, quaesumus Domine, mentibus nostris infunde, ut qui angelo nuntiante Christi Filii tui incarnationem cognovimus, per passionem eius et crucem ad resurrectionis gloriam perducamur. Per eundem Christum Dominum nostrum. Amen.

V Lasset uns beten:

Allmächtiger Gott, gieße deine Gnade in unsere Herzen ein. Durch die Botschaft des Engels haben wir die Menschwerdung Christi, deines Sohnes, erkannt. Lass uns durch sein Leiden und Kreuz zur Herrlichkeit der Auferstehung gelangen. Darum bitten wir durch Christus, unsern Herrn. Amen.

In der Osterzeit wird statt des Angelus das „**Regina caeli**" gebetet:

V	Regina caeli, laetare, alleluia.
A	Quia quem meruisti portare, alleluia.
V	Resurrexit, sicut dixit, alleluia.
A	Ora pro nobis Deum, alleluia.
V	Gaude et laetare, Virgo Maria, alleluia.
A	Quia surrexit Dominus vere, alleluia.
V	Oremus: Deus, qui per resurrectionem Filii tui, Domini nos-

tri Jesu Christi, mundum laetificare dignatus es: praesta, quaesumus; ut per eius Genitricem Virginem Mariam, perpetuae capiamus gaudia vitae. Per eundem Christum Dominum nostrum. Amen.

V   Freu dich, du Himmelskönigin, Halleluja!

A   Den du zu tragen würdig warst, Halleluja, er ist auferstanden, wie er gesagt hat, Halleluja. Bitt Gott für uns, Halleluja.

V   Freu dich und frohlocke, Jungfrau Maria, Halleluja,

A   denn der Herr ist wahrhaft auferstanden, Halleluja.

V   Lasset uns beten. – Allmächtiger Gott, durch die Auferstehung deines Sohnes, unseres Herrn Jesus Christus, hast du die Welt mit Jubel erfüllt. Lass uns durch seine jungfräuliche Mutter Maria zur unvergänglichen Osterfreude gelangen. Darum bitten wir durch Christus, unsern Herrn.

A   Amen.

Reliquie der heiligen Bernadette in der Pfarrkirche von Bartrès

Nach Bartrès: Mit Bernadette in die Stille gehen

In dem beschaulichen Dörfchen hat sich seit den Zeiten Bernadettes wenig verändert. Eine Stunde Fußweg von Lourdes entfernt ist Bartrès noch immer ein Ort der Ruhe. In dem Bauernhof (**Haus Burg**) ihrer Amme und Arbeitgeberin Marie Laguès lebte und arbeitete Bernadette. Marie Laguès ist 1900 in Bartrès gestorben und wurde auf dem Friedhof der Dorfkirche begraben.

Die romanische Wehrkirche **Johannes des Täufers** bot in der Vergangenheit den Bewohnern Schutz vor

Nach Bartrès

Überfällen. Seit ihrem Bau im 14. Jahrhundert war sie mehrfach erweitert und renoviert worden. So oft es ihr die Arbeit erlaubte, kam Bernadette in die Pfarrkirche und vieles erinnert an sie: ein Altar ist ihr geweiht, und in der Sakristei werden ein Brief und eine Reliquie Bernadettes aufbewahrt.

Das dreiteilige Altarbild zeigt Szenen aus dem Leben des Kirchenpatrons Johannes: der Besuch Marias bei Elisabet, die Taufe Jesu und das Martyrium des Täufers. Bernadette kannte von ihren Besuchen in der Kirche die Bilder gut, und wie Johannes sollte sie zur Wegbereiterin werden. Jahre später schrieb sie in einem Brief: *„Johannes ruft zur Umkehr und macht Platz für Jesus, damit er wachsen kann. Ich muss das Gleiche tun. Wenn ich nicht kleiner werde, kann Jesus nicht wachsen. Lass mich also demütiger werden, damit Jesus wachse.“*

Schafstall von Bartrès

Vorbei an einer Gebetsstätte am Ortseingang führt ein Weg durch den Wald zum Schaftstall (bergerie). Er stammt noch aus der Zeit Bernadettes. Sie fand dort beim Schafe Hüten Zuflucht, ihr einziger Begleiter war der Hund Pigou. Ein einsamer Ort, und so hatte sie viel Zeit für das Gebet. In eben dieser Zeit wurde der Wunsch, endlich die hl. Kommunion zu empfangen, so stark, dass sie beschloss, trotz des Elends nach Lourdes zurückzukehren. Heute wirkt der Ort idyllisch und lädt ein zum Verweilen und Meditieren.

Lied:

1. **Mein Hirt ist Gott, der Herr,** / er will mich immer weiden, / darum ich nimmer mehr / kann Not und Mangel leiden; / er wird auf grüner Au, / so wie ich ihm vertrau, / mir Rast und Nahrung geben / und wird mich immerdar / an Wassern still und klar / erfrischen und beleben.

2. Er wird die Seele mein / mit seiner Kraft erquicken, / wird durch den Namen sein / auf rechte Bahn mich schicken; / und wenn aus blinder Wahl / ich auch im finstern Tal / weitab mich sollt verlieren, / so fürcht ich dennoch nicht; / ich weiß mit Zuversicht, / du Herr, du wirst mich führen.

3. Du wirst zur rechten Zeit / den Hirtenstab erheben, / der allzeit ist bereit, / dem Herzen Trost zu geben. / Dazu ist wunderbar / ein Tisch mir immerdar / von dir, o Herr, bereitet, / der mir die Kräfte schenkt, / wann mich der Feind bedrängt, / und mich zum Siege leitet.

4. Du hast mein Haupt getränkt, / gesalbt mit Freudenöle, / den Kelch mir eingeschenkt, / hoch voll zur Lust der Seele. / Herr, deine Gütigkeit / wird durch des Lebens Zeit / mich immer treu begleiten, / dass ich im Hause dein / fest möge wohnhaft sein / zu ewiglichen Zeiten.

(GL 823)

Nach Bartrès

Gedanken nach der Novene zum Jahrestag der I. Erscheinung am II. Februar:

O Maria, Unsere Liebe Frau von Lourdes,
bereite uns wie Bernadette vor, dir zu begegnen:

- *Dass deine Schönheit und dein Lächeln unsere Herzen erwärmt*
- *Dass wir uns offen zeigen für deinen Ruf zur Buße*
- *Dass unsere Gemeinschaften entschlossen in der Nachfolge Christi gehen und sich vertrauensvoll auf den Glauben des Petrus stützen*
- *Dass die Enthüllung deines Namens als die „Unbefleckte Empfängnis" uns Hoffnung verleiht in der Umkehr zum Vater die Heiligkeit zu erlangen*
- *Dass das österliche Licht, das am Ende der Fastenzeit erstrahlt, in uns die Flamme der Nächstenliebe nährt.*

Der Prozessionsweg

Jeder Wallfahrtsort ist geprägt durch seine „heilige Ursprungsgeschichte" und seine Gottesdienst- und Andachtsformen. So hat auch Lourdes seine besonderen Weisen, den christlichen Glauben zu feiern.

Pilgersegen zu Beginn der Wallfahrt

Die Kirche ist das pilgernde Gottesvolk, darum ist jede Wallfahrt ein Zeichen unseres Lebens in der Gemeinschaft der Kirche. Im Segen bitten wir Gott um Schutz und Geleit.

V Im Namen des Vaters und des Sohnes und des Heiligen Geistes.

A Amen.

V Die Gnade des Herrn Jesus Christus, der uns den Weg zum Vater gezeigt hat, sei mit uns (euch).

A (Und mit deinem Geiste).

V Herr Jesus Christus, du bist von Ort zu Ort gewandert, um die Frohe Botschaft zu verkünden. Herr, erbarme dich.

A Herr, erbarme dich.

V Du bist den Weg zum Kreuz gegangen, um uns von der Last der Sünde zu befreien. Christus, erbarme dich.

A Christus, erbarme dich.

V Du hast nach deiner Auferstehung die beiden Jünger nach Emmaus begleitet, um ihnen das Wort Gottes zu erschließen. Herr, erbarme dich.

A Herr, erbarme dich.

V Herr, unser Gott, du bist das Ziel und die Erfüllung aller unserer Wege. Deshalb bitten wir dich am Beginn unserer Wallfahrt nach Lourdes um deinen Segen durch Christus, unseren Herrn.

A Amen.

Jugendliche: Gott loben mit allen Sinnen

V   Heilige Gottesmutter Maria –
A   Bitte für uns.
V   Heiliger Petrus –
A   Bitte für uns.
V   Ihr heiligen Apostel –
A   Bittet für uns.
V   Heiliger Erzengel Michael –
A   Bitte für uns.
V   Heiliger Erzengel Raphael –
A   Bitte für uns.
V   Heiliger Erzengel Gabriel –
A   Bitte für uns.
V   Heiliger Christophorus –
A   Bitte für uns.
V   Heilige Bernadette Soubirous –
A   Bitte für uns.

V Lasset uns beten:
Du hast deinen Diener Abraham auf allen Wegen unversehrt behütet. Du hast die Söhne Israels trockenen Fußes mitten durch das Meer geführt. Durch den Stern hast du den Weisen aus dem Morgenland den Weg zu Christus gezeigt. Geleite auch uns auf unserer Wallfahrt nach Lourdes. Lass uns deine Gegenwart erfahren, mehre unseren Glauben, stärke unsere Hoffnung und erneuere unsere Liebe. Schütze uns vor allen Gefahren und bewahre uns vor jedem Unfall. Führe uns glücklich ans Ziel unserer Wallfahrt und lass uns wieder unversehrt nach Hause zurückkehren. Gewähre uns schließlich, dass wir sicher das Ziel unserer irdischen Pilgerschaft erreichen und einst das ewige Heil erlangen. Darum bitten wir durch Christus, unseren Herrn.

A Amen.

Pilger im Gebet

V Wir beten zu Gott, der uns auf allen Wegen des Lebens nahe ist:
  – Himmlischer Vater, geleite uns auf unserer Wallfahrt nach Lourdes, damit wir das Ziel glücklich erreichen und gesund heimkehren.
  – Lass uns auf dieser Wallfahrt dir näherkommen.
  – Gib, dass wir unterwegs Menschen kennenlernen, die geschwisterlich mit uns verbunden sind.
  – Steh allen bei, die in diesen Tagen unterwegs sind.
  – Gewähre deinen Schutz denen, die daheim bleiben.

V Lasset uns beten, wie der Herr uns zu beten gelehrt hat:

A Vater unser ...

V Der Herr segne euch (uns) und behüte euch (uns); der Herr lasse sein Angesicht über euch (uns) leuchten und sei euch (uns) gnädig; er wende euch (uns) sein Antlitz zu und schenke euch (uns) seinen Frieden. Amen.

Der Empfang des Bußsakraments: *„Lourdes ist eine Quelle, wo das Gewissen wieder rein wird"* **(Johannes Paul II.)**

Schon immer sind Wallfahrten bevorzugte Zeiten, das Bußsakrament zu empfangen. Maria ruft zur Buße. Seither nehmen Menschen dieses Angebot zur Versöhnung an und empfangen das Sakrament der Heilung und Befreiung. Priester aus der ganzen Welt kommen, um mit den Pilgern ihr Leben zu bedenken und das Sakrament zu spenden. Entsprechend der Bedeutung dieses Sakraments, wurde die Beichtkapelle mitten in den Wallfahrtsbezirks verlegt.

Hilfreich zur Vorbereitung ist das Gleichnis vom verlorenen Sohn oder besser, vom barmherzigen Vater (Lk 15,11-32): Im selbstverschuldeten Elend erinnert sich der Sohn an seinen Vater und kehrt reuevoll zu ihm zurück, im Vertrauen, dass ihn der Vater nicht verstoßen wird. Die Liebe des Vaters ist groß genug, die Schuld des Sohnes auszuhalten: ohne Vorwurf, ganz in Freude über die Rückkehr des Sohnes. Das ist Buße im Verständnis Gottes, eine Versöhnung mit sich selbst, mit den Mitmenschen und mit Gott – eine Rückkehr ins Leben und in die Gemeinschaft, eines der Wunder von Lourdes, das sich täglich für viele Menschen ereignet.

Vorbereitungsgebet

Herr, ich kenne mich oft selber bei mir nicht aus. Du aber kennst mich. Ich möchte mich sehen, wie du mich siehst – auch wenn es schmerzt und mich beschämt. Ich weiß ja, Herr, dass du mich liebst, dass du „Ja" zu mir sagst, dass ich mich dir anvertrauen darf, so wie ich bin. Hilf mir, Herr, meinen Stolz zu überwinden, damit ich durch deine Vergebung einen neuen Anfang wagen darf.

Gewissenserforschung

Da jeder im Bußsakrament Gott ganz persönlich begegnet, ist die Gewissenserforschung ein Geschehen, in dem jeder sein Leben vor Gott hinstellt. Ein Christ soll nicht nur das Böse meiden, sondern vor allem Gutes tun, damit sein Leben immer mehr Ausdruck seiner Liebe zu Gott und den Mitmenschen wird. Deshalb sollen auch die Dinge, die unterlassen wurden, zur Sprache kommen.

Du sagst, dass man Gott aus ganzem Herzen lieben und ihm in allen Dingen dienen soll:
Ich schiebe Gott oft beiseite, meine Tage vergehen ohne Gebet, ohne einen Gedanken an Ihn. Ich habe Götzen gefunden, um ihn zu ersetzen: Maßlosigkeit beim Umgang mit meinen Kräften, mit meiner Zeit ...

Du sagst, dass man immer beten soll und sich nie entmutigen lassen soll:
Ich verlasse mich allein auf meine eigenen Kräfte. Ich danke Gott nicht für die empfangenen Gnaden. Ich versäume ohne Grund die Heilige Messe. Bei Leid, Krankheit und Tod klage ich Gott an ...

Du sagst, dass du das Licht, der Weg, die Wahrheit und das Leben bist:
Ich gebe mir wenig Mühe, um dein Evangelium und die Lehre der Kirche besser kennen zu lernen. Mir fehlt der Wille, mich in meinen Glauben zu vertiefen ...

Du sagst, dass man Gott lieben soll:
Ich spreche über Gott ohne Respekt und habe nicht immer den Mut, mich als Christ zu bekennen ...

Du sagst, dass man das Gute oder das Böse, das man anderen tut, dir tut:
Es fällt mir schwer, zu lieben. Meine Urteile sind oft schnell oder falsch. Ich kann nachtragend, rachsüchtig und verletzend sein. Ich mache mich lustig über diejenigen, die eine andere Lebensweise, Kultur oder Religion haben ...

Du sagst, dass man nicht töten soll:
Ich bin fähig, andere fertig zu machen. Ich zerstöre ihr Leben, indem ich irgendetwas erzähle. Ich zerstöre

mein eigenes Leben durch den Gebrauch von Drogen, Alkohol und Tabak ...

Du sagst zu Maria Magdalena, der Sünderin: „Geh und sündige nicht mehr":
Ich suche in Zeitschriften, Filmen oder im Internet Bilder, die mich vom wahren Sinn der Sexualität abbringen. Ich habe das Treueversprechen meiner Ehe nicht gehalten ...

Du sagst, dass man nicht lügen soll:
Ich bin der Lüge nicht abgeneigt. Ich bin auf vielerlei Art unehrlich. Ich trage oft eine Maske, um meinen Mangel an Wahrheit und Loyalität zu verheimlichen ...

Du sagst, dass man nicht stehlen soll:
Ich scheue mich nicht, Dinge anderer an mich zu nehmen. Ich habe Dinge anderer aus Vergnügen oder aus Rache zerstört ...

Du sagst, dass wir einander lieben sollen, wie du uns geliebt hast:
Mein Egoismus, meine Ungeniertheit, meine schlechte Laune, mein Verlangen immer Recht zu haben, meine harten Antworten und meine Ungeduld hindern mich daran, die anderen zu lieben. Ich missbrauche andere für meine Zwecke ...

Du sagst, dass derjenige, der seinen Mitmenschen beleidigt oder verachtet, gerichtet wird:
Es fällt mir schwer, anderen zu verzeihen. Ich scheue mich nicht, andere zu verletzen, alle möglichen Gerüchte in die Welt zu setzen, boshaft zu sein ...

Gebet nach der Beichte
Herr Jesus Christus, du zeigst mir den Weg zur wahren Heimat beim Vater. Hilf, dass ich mein Leben auf dich ausrichte und in der Geschäftigkeit des Alltags das Ziel

nicht aus den Augen verliere. Lass mich in meinem Be-
mühen nicht erlahmen und auch nicht falsche Wege ein-
schlagen. Öffne mir immer mehr die Augen für die
Größe deiner Schöpfung. Mache mich zu einem Men-
schen, der aus der Hoffnung auf deine Verheißung lebt
und dafür Zeugnis gibt.

„Trink aus der Quelle und wasch dich dort"

Das Bad im Wasser der Quelle

Die ersten Bäder entstanden schon 1862, um Kranken ein Bad im Wasser der Quelle zu ermöglichen.
Im Laufe der Zeit wurden die Bäder mehrfach erneu-
ert. Heute stehen 17 Räume mit Wannen zur Verfügung und jedes Jahr nehmen an die 400.000 Pilger
die Einladung der Gottesmutter an, sich im Wasser
der Quelle zu waschen. Die Statue in den Bädern zeigt
Maria, das Kreuzzeichen machend – wie Bernadette
und wie es ihr die Pilger zu Beginn und am Ende des
Bades nachtun. Das Bad ist keine Neutaufe, sondern

Bestätigung und Erinnerung. Viele tauchen in das Wasser nach dem Empfang des Bußsakraments, im frühen Christentum als eine Art zweiter Taufe verstanden. Das Gebet zur Weihe des Taufwassers spricht von der umfassenden Symbolkraft des Wassers, die das Bad aufgreift:

Allmächtiger, ewiger Gott,
auf vielfache Weise hast du das Wasser dafür bereitet,
auf die Taufe hinzuweisen. Schon im Anfang der Schöpfung schwebte dein Geist über den Wassern, um ihnen heiligende Kraft zu geben. In den Wassern der Sintflut hast du unsere Taufe vorgebildet, da sie den alten Menschen vernichtet, um neues Leben zu wecken. Die Söhne Abrahams hast du trockenen Fußes durch das Rote Meer geführt. Darin schenkst du uns ein Bild des österlichen Sakramentes, das uns aus der Knechtschaft befreit und hinführt in das Land der Verheißung.
Als aber die Fülle der Zeiten kam, wurde dein geliebter Sohn von Johannes getauft und von dir mit Heiligem Geist gesalbt, um im Wasser des Jordan unsere Sünden abzuwaschen. Am Kreuz ließ er aus seiner Seite Blut und Wasser hervorquellen und schenkte damit der Kirche Ursprung und Leben. Nach seiner Auferstehung gab er den Jüngern den Auftrag: Geht hin und lehrt alle Völker und tauft sie im Namen des Vaters und des Sohnes und des Heiligen Geistes.

Der Wasserweg

Gegenüber der Grotte befinden sich neun Wasserstationen mit biblischen Namen, die vom Wasser der Quelle gespeist werden. Die Pilger – allein oder in Gemeinschaft – sind eingeladen, bei den einzelnen Stationen mithilfe der Heiligen Schrift Gott als Quelle des Lebens zu entdecken. Es ist ein Weg, die eigene Taufe als Beginn des Wegs mit Gott in einer Geste zu bestätigen: vom Wasser des Brunnens trinken, sich das Gesicht waschen, das Kreuzzeichen machen. Jede Station trägt zudem eine Ehrenbezeichnung der Gottesmutter, die in Beziehung zu dem entsprechenden Ort steht.

1. Beerscheba: Ort des Bundes mit Abraham

Abraham nannte den Ort Beerscheba (Siebenbrunn oder Eidbrunn); denn dort leisteten beide einen Eid. Sie schlossen also zu Beerscheba einen Vertrag. Abraham aber pflanzte eine Tamariske in Beerscheba und rief dort den Herrn an unter dem Namen: Gott, der Ewige (Gen 21,31-33).

Maria, Unsere Liebe Frau des neuen Bundes, mache aus uns versöhnte Menschen, Baumeister des Friedens, Söhne und Töchter des neuen Friedens.

2. Auf der Straße nach Gaza: unterwegs ins Leben

Ein Engel des Herrn sagte zu Philippus: „Steh auf und zieh nach Süden auf der Straße, die von Jerusalem nach Gaza hinab führt" ... Als sie nun weiterzogen, kamen sie zu einer Wasserstelle. Da sagte der Kämmerer: „Hier ist Wasser. Was steht meiner Taufe noch im Weg?" Er ließ den Wagen halten, und beide, Philippus und der Kämmerer, stiegen in das Wasser hinab, und er taufte ihn. Als sie aber aus dem Wasser stiegen, entführte der Geist des Herrn den Philippus. Der Kämmerer sah ihn nicht mehr, und er zog voll Freude weiter. Den Philippus aber sah man in Aschdod wieder. Und er wanderte durch alle Städte und verkündete das Evangelium (Apg 8,26-40).

Maria, Unsere Liebe Frau des Guten Rates, führe uns auf den Wegen des Lebens und sei unsere Lehrerin im Glauben.

3. Meriba: Vertrauen in Gottes Fürsorge

Das Volk dürstete nach Wasser und murrte gegen Mose. Sie sagten: „Warum hast du uns überhaupt aus Ägypten hierher geführt? Um uns, unsere Söhne und unser Vieh verdursten zu lassen?" Mose schrie zum Herrn: „Was soll ich mit diesem Volk anfangen? Es fehlt nur wenig, und sie steinigen mich." Der Herr antwortete Mose: „... Dort drüben auf dem Felsen am Horeb werde ich vor dir stehen. Dann schlag an den Felsen. Es wird Wasser herauskommen, und das Volk kann trinken". Das tat Mose vor den Augen der Ältesten Israels. Den Ort nannte er Massa und Meriba (Probe und Streit), weil die Israeliten Streit begonnen und den Herrn auf die Probe gestellt hatten (Ex 17,1-7).

Maria, Unsere Liebe Frau der Buße, Zuflucht der Sünder, zeige uns den Weg aus unseren Schuldverstrickungen.

4. En-Gedi: Leben in Fülle

Eine Henna-Blüte ist mein Geliebter mir aus den Weinbergen von En-Gedi (Hld 1,14).

Maria, Unsere Liebe Frau der Freude, lass unser Leben kein Totes Meer sein, sondern eine grüne Oase wie En-Gedi.

5. Die Quelle des Tempels: in Wasser und Heiligem Geist

Am letzten Tag des Festes, dem großen Tag, stellte sich Jesus hin und rief: „Wer Durst hat, komme zu mir und es trinke, wer an mich glaubt." Wie die Schrift sagt: Aus seinem Inneren werden Ströme von lebendigem Wasser fließen. Damit meinte er den Geist, den alle empfangen sollten, die an ihn glauben (Joh 7,37-39).

Maria, Königin der Apostel, mach alle Völker bereit für die Verkündigung des Evangeliums.

6. Nazaret: Selig preisen mich alle Geschlechter

Dann kehrte Jesus mit ihnen nach Nazaret zurück und war ihnen gehorsam. Seine Mutter bewahrte alles, was geschehen war in ihrem Herzen. Jesus aber wuchs heran, und seine Weisheit nahm zu, und er fand Gefallen bei Gott und den Menschen (Lk 2,51-52).

Maria, Unsere Liebe Frau der Seligpreisungen, lehre uns Dankbarkeit, damit unsere Herzen offen sind für Gott und seine Zeichen in dieser Welt.

7. Jakobsbrunnen: Jesus, das lebendige Wasser

Jesus kam zu einem Ort in Samarien, der Sychar hieß und nahe bei dem Grundstück lag, das Jakob seinem Sohn Josef vermacht hatte. Dort befand sich der Jakobsbrunnen. Jesus war müde von der Reise und setzte sich daher an den Brunnen; es war um die sechste Stunde. Da kam eine samaritische Frau, um Wasser zu schöpfen. Jesus sagte zu ihr: „.... Wer von diesem Wasser trinkt, wird wieder Durst bekommen; wer aber von dem Wasser

trinkt, das ich ihm geben werde, wird niemals mehr Durst haben; vielmehr wird das Wasser, das ich ihm gebe, in ihm zur sprudelnden Quelle werden, deren Wasser ewiges Leben schenkt ...“ (Joh 4,1-26).

Maria, Unsere Liebe Frau des lebendigen Wassers, Wohnstatt des Hl. Geistes, lass uns um das Kommen des Hl. Geistes bitten.

Brunnen am Wasser-

8. Betesda: Heil werden

In Jerusalem gab es beim Schaftor einen Teich, zu dem fünf Säulenhallen gehören; dieser Teich heißt auf Hebräisch Betesda. In diesen Hallen lagen viele Kranke, darunter Blinde, Lahme und Verkrüppelte. Dort lag auch ein Mann, der schon achtunddreißig Jahre krank war. Als Jesus ihn dort liegen sah, und erkannte, dass er schon lange krank war, fragte er ihn: „Willst du gesund werden? …" Da sagte Jesus zu ihm: „Steh auf, nimm deine Bahre und geh!" Sofort wurde der Mann gesund, nahm seine Bahre und ging … Später traf ihn Jesus im Tempel und sagte zu ihm: „Jetzt bist du gesund; sündige nicht mehr, damit dir nicht noch Schlimmeres zustößt" (Joh 5,2-14).

Maria, Unsere Liebe Frau vom Heil, stärke in uns die Hoffnung auf Heilung und Erneuerung.

9. Schiloach: Sehend werden

Unterwegs sah Jesus einen Mann, der seit seiner Geburt blind war. Da fragten ihn seine Jünger: „Rabbi, wer hat gesündigt? Er selbst? Oder haben seine Eltern gesündigt, so dass er blind geboren wurde?" Jesus antwortete: „Weder er noch seine Eltern haben gesündigt, sondern das Wirken Gottes soll an ihm offenbar werden …" Als er dies gesagt hatte, spuckte er auf die Erde; dann machte er mit dem Speichel einen Teig, strich ihn dem Blinden auf die Augen und sagte zu ihm: „Geh und wasch dich in dem Teich Schiloach!" Schiloach heißt übersetzt: Der Gesandte. Der Mann ging fort und wusch sich. Und als er zurückkam, konnte er sehen (Joh 9,1-7).

Maria, Unsere Liebe Frau des Lichts, führe uns zu dem Licht, das dein Sohn Jesus Christus ist.

Gott, unser Vater, hat uns durch das Wasser und durch den Heiligen Geist von Neuem geboren. Er hat euch (uns) zu seinen Kindern gemacht: Er bewahre euch (uns) in der Treue zu seiner Liebe.

Jesus Christus, der einzige Sohn des Vaters hat uns verheißen, dass der Geist der Wahrheit immer in seiner Kirche gegenwärtig sein wird: Er stehe euch (uns) mit seiner Kraft bei und helfe euch (uns), den Glauben zu verkünden.

Der Heilige Geist hat das Feuer seiner Liebe in das Herz der Jünger eingegossen: Er vereinige euch (uns) zu einem einzigen Leib und führe euch (uns) zur Freude des Reiches Gottes.

Es segne euch (uns) der in der Liebe allmächtige Gott, der Vater, der Sohn und der Heilige Geist. Amen.

Die Kreuzwege von Lourdes

Seit dem Mittelalter ist der Kreuzweg fester Bestandteil von Wallfahrten. Im Nachgehen des Leidensweges Jesu bedenken die Pilger ihr eigenes Leben im Licht von Kreuz und Auferstehung, nicht als einen Weg der Verklärung des Leidens, sondern als Weg der Hoffnung, der Kraft gibt und dem Leben Sinn verleiht. Der Kreuzweg hilft, die tiefe Bedeutung des Kreuzes wieder zu entdecken, denn *„das Kreuz ist der Ort, wo das Mitleid Gottes mit unserer Welt auf vollkommene Weise sichtbar wird"* (Benedikt XVI. am 15. September 2008).

In Lourdes gibt es verschiedene Möglichkeiten, den Weg Jesu mitzugehen: in den Kirchen (wie in St. Joseph mit einem Kreuzweg aus Vesuv-Lavagestein, ein Geschenk italienischer Pilger) oder den beiden großen Kreuzwegen.

Der Kreuzweg über den Espélugues-Hügel

Gegenüber der Oberen Basilika beginnt der große Kreuzweg von Lourdes, der den Leidensweg Jesu nachgeht, zum höchsten Punkt des Leidens mit Kreuzigung und Tod Jesu und bis in die Tiefe der Grabeshöhle. 115 überlebensgroße Figuren aus Gusseisen veranschaulichen mit den natürlichen Gegebenheiten die vierzehn Stationen, die 1912 am Fest der Kreuzerhöhung eingeweiht wurden. Vor einigen Jahren wurde noch eine 15. Station hinzugefügt, die sich schon äußerlich von den anderen unterscheidet: ein großer Mühlstein, der die Strahlen der Ostersonne trägt: Der Kreuzweg führt über Leid und Tod zur Auferstehung. Der „Engel des Schmerzes" weist den Weg zu den Stationen und bestätigt den Sinn dieses Weges: *„in cruce salus"* – *„im Kreuz ist Heil"*.

Lied:

1. **„Mir nach", spricht Christus, unser Held,** / „mir nach, ihr Christen alle! / Verleugnet euch, verlasst die Welt, / folgt meinem Ruf und Schalle; / nehmt euer Kreuz und Ungemach / auf euch, folgt meinem Wandel nach.

2. Ich bin das Licht. Ich leucht euch für / mit meinem heilgen Leben. / Wer zu mir kommt und folget mir, / darf nicht im Finstern schweben. / Ich bin der Weg, ich weise wohl, / wie man wahrhaftig wandeln soll.

3. Fällt's euch zu schwer? Ich geh voran, / ich steh euch an der Seite. / Ich kämpfe selbst, ich brech die Bahn, / bin alles in dem Streite. / Ein böser Knecht, der still kann stehn, / sieht er voran den Feldherrn gehn.

4. Wer seine Seel zu finden meint, / wird sie ohn mich verlieren. / Wer sie um mich verlieren scheint, / wird sie nach Hause führen. / Wer nicht sein Kreuz nimmt und folgt mir, / ist mein nicht wert und meiner Zier."

5. So lasst uns denn dem lieben Herrn / mit unserm Kreuz nachgehen / und wohlgemut, getrost und gern / in allen Leiden stehen. / Wer nicht gekämpft, trägt auch die Kron / des ewgen Lebens nicht davon.

(GL 616)

V Unser Vater!

Wir haben uns versammelt, um den Kreuzweg deines Sohnes zu betrachten. Gemeinsam wollen wir auf deinen Sohn schauen, der schweigend diesen Weg des Leidens ging, als er durch sein Wort die Menschen nicht mehr erreichen konnte. Öffne unsere Augen für sein Leiden und Sterben.

Hilf uns glauben, dass hier die Not der Welt überwunden wird. Gib uns das Vertrauen in die Macht seiner Liebe. Gib uns den Mut zum eigenen Weg, zum Glauben und zur Liebe. Lass uns vollenden, was dein Sohn begonnen hat.

Darum bitten wir durch Christus, unsern Herrn.

A Amen.

1. Station: Jesus wird zum Tod verurteilt

V   Wir beten dich an, Herr Jesus Christus, und preisen dich.

A   Denn durch dein heiliges Kreuz hast du die Welt erlöst.

L   *Aus dem hl. Evangelium nach Matthäus:*
Pilatus sagte zu ihnen: „Was soll ich dann mit Jesus tun, den ihr den Messias nennt?" Da schrien sie alle: „Ans Kreuz mit ihm!" Er erwiderte: „Was für ein Verbrechen hat er denn begangen?" Da schrien sie noch lauter: „Ans Kreuz mit ihm!" Darauf ließ er Barabbas frei und gab den Befehl Jesus zu geißeln und zu kreuzigen (Mt 27,22-23.26).

V   Der Richter der Welt steht vor dem Gericht der Menschen. Jesus weiß, was ihm bevorsteht. Er sieht die Grausamkeit des Kommenden. Die Menge verlangt seinen Tod. Aus Menschenfurcht fällt Pilatus das ungerechte Urteil. Jesus aber steht da und schweigt. Er nimmt das Urteil an.
Herr, du bist ungerecht verurteilt worden. Obwohl du schuldlos warst, wurdest du beschuldigt. Lass uns niemals vergessen wie schnell wir bereit sind, einen anderen zu verurteilen. Lass uns gerecht sein und bewahre uns vor lieblosen Vorurteilen. Herr, erbarme dich.

A   Erbarme dich unser, erbarme dich unserer Zeit.

Lied: nach der Melodie „Was uns die Erde Gutes spendet" (GL 490)
Du schweigst, Herr, da der Richter feige / das ungerechte Urteil fällt; / wenn du einst richten wirst, dann zeige / dich voll Erbarmen dieser Welt.

Der Kreuzweg über den Espélugues-Hügel

2. Station: Jesus nimmt das Kreuz auf seine Schultern

V Wir beten dich an, Herr Jesus Christus, und preisen dich.

A Denn durch dein heiliges Kreuz hast du die Welt erlöst.

L *Aus dem hl. Evangelium nach Matthäus:*
Da nahmen die Soldaten des Statthalters Jesus, führten ihn in das Prätorium und versammelten die ganze Kohorte um ihn. Sie zogen ihn aus und legten ihm einen purpurroten Mantel um. Dann flochten sie einen Kranz aus Dornen; den setzten sie ihm auf und gaben ihm einen Stock in die rechte Hand. Sie fielen vor ihm auf die Knie und verhöhnten ihn, indem sie riefen: „Heil dir, König der Juden!" Und sie spuckten ihn an, nahmen ihm den Stock wieder weg und schlugen ihn damit auf den Kopf. Nachdem sie so ihren Spott mit ihm getrieben hatten, nahmen sie ihm den Mantel ab und zogen ihm seine eigenen Kleider wieder an. Dann führten sie ihn hinaus, um ihn zu kreuzigen. (Mt 27,27-31).

V Freiwillig nimmt der Herr das Kreuz auf sich: Er will den Kelch trinken, den der Vater ihm reicht. Sein Leiden steht ihm klar vor Augen. So ist es der Wille Gottes.
Herr, es fällt uns niemals leicht, ein Kreuz zu tragen und Schweres auf sich zu nehmen. Oft haben wir Angst und wollen dem Kreuz ausweichen. Hilf uns, im Vertrauen auf deine Führung unser Kreuz zu bejahen und schenke uns die Bereitschaft, mit dir unseren Weg zu gehen. Herr, erbarme dich.

A Erbarme dich unser, erbarme dich unserer Zeit.

Lied:
Du hast das Kreuz auf dich genommen, / die schwere Schuld der ganzen Welt; / wenn Not und Ängste auf uns kommen, / sei es dein Kreuz, Herr, das uns hält.

3. Station: Jesus fällt zum ersten Mal unter dem Kreuz

V Wir beten dich an, Herr Jesus Christus, und preisen dich.

A Denn durch dein heiliges Kreuz hast du die Welt erlöst.

L *Aus dem Buch des Propheten Jesaja:*
Aber er hat unsere Krankheit getragen und unsere Schmerzen auf sich geladen. Wir meinten, er sei von Gott geschlagen, von ihm getroffen und gebeugt. Doch er wurde durchbohrt wegen unserer Verbrechen, wegen unserer Sünden zermalmt. Zu unserem Heil lag die Strafe auf ihm, durch seine Wunden sind wir geheilt. Wir hatten uns alle verirrt wie Schafe, jeder ging für sich seinen Weg. Doch der Herr lud auf ihn die Schuld von uns allen (Jes 53,4-6).

V Die Last ist schwer und Jesus ist müde und ermattet; er leidet große Schmerzen. Jesus fällt zu Boden. Die Soldaten aber zerren ihn hoch und drängen ihn weiter.
Herr, du bist unter der Last deines Kreuzes zusammengebrochen. Aber du durftest nicht ausruhen; du musstest aufstehen und das Kreuz weiterschleppen. Lass uns in den Enttäuschungen des Lebens nie liegen bleiben! Gib uns die Kraft,

auf dich zu schauen und dir zu folgen. Herr, erbarme dich.

A Erbarme dich unser, erbarme dich unserer Zeit.

Lied:
O Herr, du wankst und sinkst zur Erde, / die Last der Sünden wirft dich hin; / gib, dass dein Fall mir Stärkung werde, / sooft ich schwach und elend bin.

4. Station: Jesus begegnet seiner Mutter

V Wir beten dich an, Herr Jesus Christus, und preisen dich.

A Denn durch dein heiliges Kreuz hast du die Welt erlöst.

L *Aus dem hl. Evangelium nach Lukas:*
Simeon segnete sie und sagte zu Maria, der Mutter Jesu: „Dieser ist dazu bestimmt, dass in Israel viele durch ihn zu Fall kommen und viele aufgerichtet werden, und er wird ein Zeichen sein, dem widersprochen wird. Dadurch sollen die Gedanken vieler Menschen offenbar werden. Dir selbst aber wird ein Schwert durch die Seele dringen" (Lk 2,34-35).

V Die Mutter Jesu steht am Weg. Sie folgt ihm auf seinem Kreuzweg. Sie geht in der Menge, namenlos. Sie kennt die Not ihres Sohnes, sie leidet seine Leiden.
Herr, deine Mutter Maria soll uns ein Vorbild sein: Sie hat dich in der größten Not nicht allein gelassen und hat deine Nähe gesucht; sie war bei dir. So lass uns immer für die Schmerzen und Nöte der Mitmenschen offen und hellhörig bleiben.

Mache uns zu Werkzeugen deiner Liebe und deines Trostes. Herr, erbarme dich.

A Erbarme dich unser, erbarme dich unserer Zeit.

Lied:
O Mutter, die den Sohn gesehen / am Weg der Schmach und bittern Pein, / erfleh uns Kraft, mit ihm zu gehen / und seinem Kreuze nah zu sein.

5. Station: Simon von Cyrene hilft Jesus das Kreuz tragen

V Wir beten dich an, Herr Jesus Christus, und preisen dich.

A Denn durch dein heiliges Kreuz hast du die Welt erlöst.

L *Aus dem hl. Evangelium nach Matthäus:*
Auf dem Weg trafen sie einen Mann aus Cyrene namens Simon; ihn zwangen sie, Jesus das Kreuz zu tragen.
Jesus sagte zu seinen Jüngern: „Wer mein Jünger sein will, der verleugne sich selbst, nehme sein Kreuz auf sich und folge mir nach" (Mt 27,32; 16,34).

V Auf dem Weg zur Hinrichtung ergreifen die Soldaten einen vorbeigehenden Mann, Simon von Cyrene. Sie laden ihm das Kreuz auf; er muss es Jesus nachtragen. Der Herr nimmt diese Hilfe an.
Herr, du hast dir damals von einem anderen helfen lassen, du wolltest auf ihn angewiesen sein. Auch heute brauchst du Menschen, die dir beistehen. Du suchst Hände, die deine Liebe verschenken und Stimmen, die deine Botschaft verkünden. Lass uns bereit sein für diesen Dienst und berufe

viele junge Männer und Frauen zum Priestertum und Ordensleben. Herr, erbarme dich.

A Erbarme dich unser, erbarme dich unserer Zeit.

Lied:
Es half dir einer, den sie zwangen, / und beugt sich unters Holz der Schmach; / gib, dass wir unser Kreuz umfangen / und dir in Liebe folgen nach.

6. Station: Veronika reicht Jesus das Schweißtuch

V Wir beten dich an, Herr Jesus Christus, und preisen dich.

A Denn durch dein heiliges Kreuz hast du die Welt erlöst.

L *Aus dem Buch des Propheten Jesaja:*
Er hatte keine schöne und edle Gestalt, so dass wir ihn anschauen mochten. Er sah nicht so aus, dass wir Gefallen fanden an ihm. Er wurde verachtet und von den Menschen gemieden, ein Mann voller Schmerzen, mit Krankheit vertraut, wie einer, vor dem man das Gesicht verhüllt (Jes 53,2-3).

V Veronika sieht Jesu Leid. Sie fragt nicht, was die Menschen denken und sagen. Mutig drängt sie sich durch die Menge und reicht dem Herrn ein Tuch. Jesus trocknet Blut und Schweiß damit und belohnt diese Frau mit dem Abbild seines Gesichtes.
Herr, Veronika hat dir nur einen kleinen Dienst erwiesen und doch wurde sie so reich beschenkt. Du hast dich ihr zugeneigt. Gib uns die Gnade,

dass wir in allen Lebenslagen dein Bild in uns tragen und wende dein Antlitz niemals von uns ab. Herr, erbarme dich.

A Erbarme dich unser, erbarme dich unserer Zeit.

Lied:
Herr, präge uns dein Angesichte / für immer tief ins Herz hinein, / und wenn es aufstrahlt im Gerichte, / so lass es uns zum Heile sein.

7. Station: Jesus fällt zum zweiten Mal unter dem Kreuz

V Wir beten dich an, Herr Jesus Christus, und preisen dich.

A Denn durch dein heiliges Kreuz hast du die Welt erlöst.

L *Aus dem 1. Petrusbrief:*
Er hat keine Sünde begangen, und in seinem Mund war kein trügerisches Wort. Er wurde geschmäht, schmähte aber nicht; er litt, drohte aber nicht, sondern überließ seine Sache dem gerechten Richter. Er hat unsere Sünden mit seinem Leib auf das Holz des Kreuzes getragen, damit wir tot seien für die Sünden und für die Gerechtigkeit leben. Durch seine Wunden seid ihr geheilt (1 Petr 2,23-24).

V Das Kreuz lastet schwer auf den Schultern des Herrn. Er kann nicht mehr. Noch einmal drückt es ihn zu Boden.
Herr, du bist nicht nur einmal gefallen auf diesem Weg. Die Last deines Kreuzes ist die Last unserer wiederkehrenden Schuld. Wir sind zu schwach in

der Versuchung und zu gleichgültig gegenüber deiner Liebe. Lass uns nie im Dunkel der Sünde bleiben, sondern schenke uns immer wieder das Licht deiner Vergebung und den Mut des Neubeginns. Herr, erbarme dich.

A   Erbarme dich unser, erbarme dich unserer Zeit.

Lied:
Die Kraft verlässt dich, du fällst nieder, / zum zweiten Mal; das Kreuz ist schwer. / Ich falle und ich falle wieder; / in meiner Schwachheit hilf mir, Herr.

8. Station: Jesus begegnet den weinenden Frauen

V   Wir beten dich an, Herr Jesus Christus, und preisen dich.

A   Denn durch dein heiliges Kreuz hast du die Welt erlöst.

L   *Aus dem hl. Evangelium nach Lukas:*
Es folgte eine große Menschenmenge, darunter auch Frauen, die um ihn klagten und weinten. Jesus wandte sich ihnen zu und sagte: „Ihr Frauen von Jerusalem, weint nicht über mich; weint über euch und eure Kinder! Denn es kommen Tage, da wird man sagen: Wohl den Frauen, die unfruchtbar sind, die nicht geboren und nicht gestillt haben. Denn wenn das mit dem grünen Holz geschieht, was wird dann erst mit dem dürren werden?" (Lk 23,27-29.31).

V   Am Wege stehen Frauen. Sie weinen und klagen über den Schmerzensmann. Jesus aber sagt zu ihnen: Weint nicht über mich, weint über euch und eure Kinder!

Herr, die Frauen sahen deine Wunden und hatten Mitleid mit dir – du aber blicktest in ihr Herz und erkanntest ihre Schuld und ihre seelische Not. Lass uns spüren, dass es Schlimmeres gibt als äußeres Leid. Lass uns erkennen, dass die Sünde die eigentliche Ursache des menschlichen Elends ist. Herr, schenke uns die Kraft zur Umkehr. Herr, erbarme dich.

A   Erbarme dich unser, erbarme dich unserer Zeit.

Lied:
Du redest mahnend mit den Frauen: / „Weint über euch, nicht über mich." / Wenn wir dich einst als Richter schauen, / Herr Jesus, dann erbarme dich.

9. Station: Jesus fällt zum dritten Mal unter dem Kreuz

V   Wir beten dich an, Herr Jesus Christus, und preisen dich.

A   Denn durch dein heiliges Kreuz hast du die Welt erlöst.

L   *Lesung aus dem Buch des Propheten Jesaja:*
Er wurde misshandelt und niedergedrückt, aber er tat seinen Mund nicht auf. Wie ein Lamm, das man zum Schlachten führt, und wie ein Schaf angesichts seiner Scherer, so tat er seinen Mund nicht auf. Durch Haft und Gericht wurde er dahingerafft, doch wen kümmerte sein Geschick? Er wurde vom Land der Lebenden abgeschnitten und wegen der Verbrechen seines Volkes zu Tode getroffen (Jes 53,7-8).

V   Der Herr ist zu Tode erschöpft und bricht zum dritten Mal unter der Last zusammen. Doch er will das Werk vollenden, das der Vater ihm aufgetragen hat. So rafft er sich von Neuem auf.

Herr, dein Leid wurde immer härter, die Schmerzen immer quälender. So bitten wir dich besonders für die Kranken unter uns, deren Lebensweg ein Kreuzweg ist. Immer wieder werden sie von Neuem geprüft und vor neue Fragen gestellt. Gib, o Herr, dass sie ihre Hoffnung bewahren und den Glauben an deine Liebe nicht verlieren. Herr, erbarme dich.

A Erbarme dich unser, erbarme dich unserer Zeit.

Lied:
Da liegst du, wie vom Kreuz erschlagen, / erschlagen von der Schuld der Welt. / Hilf mir, im Abgrund nicht verzagen / und hoffen, dass dein Kreuz mich hält.

10. Station: Jesus wird seiner Kleider beraubt

V Wir beten dich an, Herr Jesus Christus, und preisen dich.

A Denn durch dein heiliges Kreuz hast du die Welt erlöst.

L *Aus dem hl. Evangelium nach Johannes:*
Nachdem die Soldaten Jesus ans Kreuz geschlagen hatten, nahmen sie seine Kleider und machten vier Teile daraus, für jeden Soldaten einen. Sie nahmen auch sein Untergewand, das von oben her ganz durchgewebt und ohne Naht war. Sie sagten zueinander: „Wir wollen es nicht zerteilen, sondern darum losen, wem es gehören soll." So sollte sich das Schriftwort erfüllen: „Sie verteilten meine Kleider unter sich und warfen das Los um mein Gewand" (Joh 19,23-24).

V Alles haben sie dem Herrn genommen: Seine Freiheit, seine Freunde, seine Wirksamkeit. Jetzt reißen sie ihm auch noch die Kleider vom Leib, so dass er nackt und würdelos vor der gaffenden Menge stehen muss.

Herr, ewiges Wort, Sohn Gottes – du bist Mensch geworden und hast uns zu deinen Brüdern und Schwestern und zu Kindern deines Vaters gemacht. So hast du uns eine neue Würde geschenkt. Gib, dass wir in jedem Menschen deinen Bruder und deine Schwester sehen und die Würde des anderen niemals verletzen. Schenke den Menschen Ehrfurcht voreinander. Herr, erbarme dich.

A Erbarme dich unser, erbarme dich unserer Zeit.

Lied:
Herr, unsre Schuld hat dich verraten; / sie ist's, die dich in Schande stößt. / Bedecke uns mit deinen Gnaden, / da wir so schmählich dich entblößt.

11. Station: Jesus wird ans Kreuz genagelt

V Wir beten dich an, Herr Jesus Christus, und preisen dich.

A Denn durch dein heiliges Kreuz hast du die Welt erlöst.

L *Aus dem hl. Evangelium nach Johannes:*
Und wie Mose die Schlange in der Wüste erhöht hat, so muss der Menschensohn erhöht werden, damit jeder, der an ihn glaubt, in ihm das ewige Leben hat. Denn Gott hat die Welt so sehr geliebt, dass er seinen einzigen Sohn hingab, damit jeder, der an ihn glaubt, nicht zugrunde geht, sondern das ewige Leben hat.

Denn Gott hat seinen Sohn nicht in die Welt gesandt, damit er die Welt richtet, sondern damit die Welt durch ihn gerettet wird (Joh 3,14-17).

V Die Hinrichtung ist grausam und schrecklich. Die Soldaten werfen Jesus zu Boden, durchbohren seine Hände und Füße und nageln ihn an die Kreuzesbalken. Dann richten sie das Kreuz auf. Herr, du bist uns vorangegangen. Auch für uns kommt einmal die Stunde, in der wir völlig wehrlos sind. Dann werden auch wir angenagelt sein und niemand wird uns aus der Todesnot befreien. Gib uns in dieser Stunde Kraft, gemeinsam mit dir den Willen des Vaters zu erfüllen. Schenke uns dann einen festen Glauben an die erlösende Kraft deines Kreuzes. Herr, erbarme dich.

A Erbarme dich unser, erbarme dich unserer Zeit.

Lied:
Du wirst, o Herr, ans Kreuz geschlagen, / wirst hingeopfert wie ein Lamm; / du hast die Schuld der Welt getragen / bis an des Kreuzes harten Stamm.

12. Station: Jesus stirbt am Kreuz

V Wir beten dich an, Herr Jesus Christus, und preisen dich.

A Denn durch dein heiliges Kreuz hast du die Welt erlöst.

L *Aus dem hl. Evangelium nach Johannes:*
Bei dem Kreuz Jesu standen seine Mutter und die Schwester seiner Mutter, Maria, die Frau des Klopas, und Maria von Magdala. Als Jesus seine Mutter sah

und bei ihr den Jünger, den er liebte, sagte er zu seiner Mutter: „Frau, siehe, dein Sohn!" Dann sagte er zu dem Jünger: „Siehe, deine Mutter!" Und von jener Stunde nahm sie der Jünger zu sich (Joh 19,25-27).

Aus dem hl. Evangelium nach Matthäus:

Von der sechsten bis zur neunten Stunde herrschte eine Finsternis im ganzen Land. Um die neunte Stunde rief Jesus laut: „Eli, Eli, lema sabachtani?" Das heißt: „Mein Gott, mein Gott, warum hast du mich verlassen?" Jesus schrie noch einmal laut auf. Dann hauchte er den Geist aus (Mt 27,45-46.50).

V Jesus hängt angenagelt am Kreuz. Sein Wort ist erfüllt: „Wenn ich über die Erde erhöht bin, werde ich alle zu mir ziehen." Um die neunte Stunde ruft er: „Es ist vollbracht! Vater, in deine Hände lege ich meinen Geist!" Jesus neigt sein Haupt und stirbt.

Herr, bis zuletzt hast du den Willen des Vaters erfüllt. Du bist gehorsam gewesen bis zum Tod, ja bis zum Tod am Kreuz. Herr, wir haben zu wenig Worte, um dir zu danken. Wir können nur schweigend und ehrfürchtig zu deinem Kreuz aufblicken. (Stille)

Jesus, deine Liebe ist ohne Grenzen: „Es gibt keine größere Liebe, als wenn einer sein Leben für seine Freunde hingibt." Herr, erbarme dich.

A Erbarme dich unser, erbarme dich unserer Zeit.

Lied:
Dein Kreuz, o Herr, will ich erheben / und benedeien deinen Tod. / Von diesem Holz kam uns das Leben / und kam uns Freude in der Not.

13. Station: Jesus wird vom Kreuz herabgenommen

V Wir beten dich an, Herr Jesus Christus, und preisen dich.

A Denn durch dein heiliges Kreuz hast du die Welt erlöst.

L *Aus dem hl. Evangelium nach Matthäus:*
Auch viele Frauen waren dort und sahen von Weitem zu; sie waren Jesus seit der Zeit in Galiläa nachgefolgt und hatten ihm gedient. Gegen Abend kam ein reicher Mann aus Arimathäa namens Josef; auch er war ein Jünger Jesu. Er ging zu Pilatus und bat um den Leichnam Jesu. Da befahl Pilatus, ihm den Leichnam zu überlassen (Mt 27,55.57-58).

V Der Herr hat ausgelitten. Sein Werk ist vollendet. Sein Leib wird vom Kreuz abgenommen und in den Schoß seiner Mutter Maria gelegt. Herr, bitter ist die Frage: Warum leiden müssen? Warum sterben müssen? Warum hergeben müssen, was so teuer ist?
Herr, niemand auf Erden hat dich mehr geliebt als deine Mutter; dein Sterben war für sie ein furchtbarer Schmerz. Maria hat mit dir gelitten und dein Leid geteilt. Herr, segne alle Mütter dieser Erde und mache sie zu selbstlosen Vorbildern für ihre Kinder. Höre auf die Fürsprache deiner heiligen Mutter Maria, die du auch uns zur Mutter geschenkt hast. Herr, erbarme dich.

A Erbarme dich unser, erbarme dich unserer Zeit.

Lied:
O seht die Mutter voller Schmerzen, / wie sie den Sohn in Armen hält. / Sie fühlt das Schwert in ihrem Herzen, / trägt mit am Leid der ganzen Welt.

14. Station: Jesus wird ins Grab gelegt

V   Wir beten dich an, Herr Jesus Christus, und prei-
    sen dich.

A   Denn durch dein heiliges Kreuz hast du die Welt
    erlöst.

L   *Aus dem hl. Evangelium nach Matthäus:*
    Josef nahm den Leichnam Jesu und hüllte ihn in ein
    reines Leinentuch. Dann legte er ihn in ein neues
    Grab, das er für sich selbst in einen Felsen hatte hauen
    lassen. Er wälzte einen großen Stein vor den Eingang
    des Grabes und ging weg. Auch Maria aus Magdala
    und die andere Maria waren dort; sie saßen dem Grab
    gegenüber (Mt 27,59-61).

V   Der Leichnam Jesu wird in das Felsengrab gelegt,
    das Josef von Arimathäa für sich hatte bauen las-
    sen. Drei Tage lang sollte es für Jesus eine Ruhe-
    stätte sein.
    Herr, unser Lebensweg ist ein Kreuzweg an dei-
    ner Seite. Einst werden wir sterben – wie du – und

begraben werden – wie du. Lass uns mutig auf den Tod hin leben, nimm uns die Angst vor dem Grab und steh uns bei in der Stunde unseres Todes. Herr, erbarme dich.

A   Erbarme dich unser, erbarme dich unserer Zeit.

Lied:
Er wird der Erde übergeben, / wie man den Weizen bettet ein; / doch wird er auferstehn und leben / und über alles herrlich sein.

15. Station: Jesus ist Sieger über den Tod

V   Wir beten dich an, Herr Jesus Christus, und preisen dich.

A   Denn durch dein heiliges Kreuz hast du die Welt erlöst.

L   *Aus dem hl. Evangelium nach Lukas:*
Am ersten Tag der Woche gingen die Frauen mit den wohlriechenden Salben, die sie zubereitet hatten, in aller Frühe zum Grab. Da sahen sie, dass der Stein vom Grab weggewälzt war; sie gingen hinein, aber den Leichnam Jesu, des Herrn, fanden sie nicht. Während sie ratlos dastanden, traten zwei Männer in leuchtenden Gewändern zu ihnen. Die Frauen erschraken und blickten zu Boden. Die Männer aber sagten zu ihnen: „Was sucht ihr den Lebenden bei den Toten? Er ist nicht hier, sondern er ist auferstanden. Erinnert euch an das, was er euch gesagt hat, als er noch in Galiläa war" (Lk 24, 1-6).

V   Nur kurze Zeit sind die Jünger von Jesus getrennt. Die tröstenden Worte Jesu gehen in Erfüllung: „Jetzt seid ihr traurig, aber ich werde euch wieder

Der Kreuzweg über den Espélugues-Hügel

sehen; dann wird euer Herz sich freuen und eure Freude wird euch niemand nehmen" (Joh 16,16.22). Der Tod Jesu ist der Anfang neuen Lebens, seine Auferstehung ist für uns Erlösung.

Die aufgehende Sonne spendet nach dunkler Nacht neues Licht – der auferstandene Heiland befreit aus der Nacht des Todes in das Licht des ewigen Lebens.

V   Das ist der Tag, den der Herr gemacht.
A   Lasst uns frohlocken und seiner uns freuen.
V   Wir werden nicht sterben, wir leben
A   und verkünden die Werke des Herrn.
V   Herr, erbarme dich.
A   Erbarme dich unser, erbarme dich unserer Zeit.

Lied:

1. Das ist der Tag, den Gott gemacht, / der Freud in alle Welt gebracht. / Es freu sich, was sich freuen kann, / denn Wunder hat der Herr getan.
2. Verklärt ist alles Leid der Welt, / des Todes Dunkel ist erhellt. / Der Herr erstand in Gottes Macht, / hat neues Leben uns gebracht.
3. Wir sind getauft auf Christi Tod / und auferweckt mit ihm zu Gott. / Uns ist geschenkt sein Heilger Geist, / ein Leben, das kein Tod entreißt.
4. Wir schauen auf zu Jesus Christ, / zu ihm, der unsre Hoffnung ist. / Wir sind die Glieder, er das Haupt; / erlöst ist, wer an Christus glaubt.
5. Nun singt dem Herrn das neue Lied, / in aller Welt ist Freud und Fried. / Es freu sich, was sich freuen kann, / denn Wunder hat der Herr getan.

(GL 220)

Schlussgebet

V Ewiger Vater, du hast uns deine Liebe geoffenbart, als du deinen einziggeborenen Sohn in die Welt gesandt hast. Um uns zu erlösen, ist er gehorsam geworden bis zum Tod, ja bis zum Tod am Kreuz.

A Wir preisen das Kreuz des Herrn, an dem das Heil der Welt gehangen.

V Du aber hast ihn auferweckt zu ewiger Herrlichkeit. Nachdem er so zur himmlischen Vollendung kam, ist er allen, die ihm gehorsam sind, der Urheber des ewigen Heils geworden.

A Lass uns im Blick auf ihn, unseren Bruder, und im Gehorsam gegen dich, unseren Vater, in allem deinen Willen tun.

V Unsere Zeit soll erkennen, dass du nicht nur ein Gott des Kreuzes, sondern vor allem ein Gott der Freude und der Hoffnung bist.

A Amen.

Der Kreuzweg für Kranke und Behinderte am Gave

Zum Jubiläum 2008 entstand auf der Wiese am Gave ein neuer Kreuzweg aus Carrara-Marmor für Kranke und Behinderte, geschaffen von der ungarischen Künstlerin Maria de Faykod. Besonders ausdrucksstark sind die Hände der beteiligten Personen: So die Hände Jesu, die die Richtung angeben, die zur Rettung führt, auch wenn das Böse es mit mächtigen Händen zu verhindern sucht. Eine besondere Bedeutung hat bei allen Stationen das „Tuch der Hoffnung", das im Leid schon die Verwandlung ahnen lässt. Oft vermischen sich die Botschaft der Hände und die des Tuches: Sei es, dass das Böse mit übergroßen Händen nach Jesus greift, wie bei der 10. Station, um ihn seiner Kleider zu berauben und ihn bloßzustellen, während gleichzeitig das weggerissene Kleid Jesu in einen Weg nach „oben", zur göttlichen Gnade umgewandelt wird.

Neben den traditionellen vierzehn hat dieser Kreuzweg siebzehn Stationen:

15. Station: Karsamstag – Maria erwartet die Auferstehung

V Wir beten dich an, Herr Jesus Christus, und preisen dich.

A Denn durch dein heiliges Kreuz hast du die Welt erlöst.

L *Lesung aus dem hl. Evangelium nach Lukas:*
„Selig ist die, die geglaubt hat, dass sich erfüllt, was der Herr ihr sagen ließ" (Lk 1,45).

V Das Gesicht Jesu scheint durch das Tuch, das sich ins Endlose zu verlängern scheint und schon die Auferstehung ahnen lässt. In ihrer Trauer ist Maria ihrem Sohn nahe, sie hält an ihm fest, auch wenn ihn alle anderen verlassen haben.

Herr, die ganze Welt trauert. Auf Marias Gesicht sind die Spuren ihrer Trauer zu sehen, doch ihr Glaube ist unerschütterlich, er übersteigt sogar Leid und Tod. Gib uns die Kraft, in der Trauer auszuhalten und andere in ihrer Trauer zu begleiten. Herr, erbarme dich.

A   Erbarme dich unser, erbarme dich unserer Zeit.

Lied:
Er liegt in seiner Mutter Arme, / sie bleibt bei ihm auch in der Not. / Doch wie in Adam alle sterben, / so überwindet er den Tod.

16. Station: Jesus ist auferstanden

V   Wir beten dich an, Herr Jesus Christus, und preisen dich.

A   Denn durch dein heiliges Kreuz hast du die Welt erlöst.

L   *Aus dem hl. Evangelium nach Matthäus:*
Da trat Jesus auf sie zu und sagte zu ihnen: „Mir ist alle Macht gegeben im Himmel und auf der Erde. Darum geht zu allen Völkern, und macht alle Menschen zu meinen Jüngern; tauft sie auf den Namen des Vaters und des Sohnes und des Heiligen Geistes, und lehrt sie, alles zu befolgen, was ich euch geboten habe. Seid gewiss: Ich bin bei euch alle Tage bis zum Ende der Welt" (Mt 28,18-20).

V   Nur kurze Zeit sind die Jünger von Jesus getrennt. Die tröstenden Worte Jesu gehen in Erfüllung: „Jetzt seid ihr traurig, aber ich werde euch wieder sehen; dann wird euer Herz sich freuen und eure Freude wird euch niemand nehmen" (Joh 16,16.22). Der Tod Jesu ist der Anfang neuen

Lebens, seine Auferstehung ist für uns Erlösung. Die aufgehende Sonne spendet nach dunkler Nacht neues Licht – der auferstandene Heiland befreit aus der Nacht des Todes in das Licht des ewigen Lebens.

V Das ist der Tag, den der Herr gemacht.
A Lasst uns frohlocken und seiner uns freuen.
V Wir werden nicht sterben, wir leben
A und verkünden die Werke des Herrn.
V Herr, erbarme dich.
A Erbarme dich unser, erbarme dich unserer Zeit.

Lied:
1. **Nun jauchzt dem Herren alle Welt.** / Kommt her, zu seinem Dienst euch stellt; / kommt mit Frohlocken, säumet nicht, / kommt vor sein heilig Angesicht.
2. Erkennt, dass Gott ist unser Herr, / der uns erschaffen ihm zur Ehr, / und nicht wir selbst; durch Gottes Gnad / ein jeder Mensch sein Leben hat.
3. Wie reich hat uns der Herr bedacht, / der uns zu seinem Volk gemacht. / Als guter Hirt ist er bereit, / zu führen uns auf seine Weid.
4. Die ihr nun wollet bei ihm sein, / kommt, geht zu seinen Toren ein / mit Loben durch der Psalmen Klang, / zu seinem Hause mit Gesang.
5. Dankt unserm Gott, lobsinget ihm, / rühmt seinen Namen mit lauter Stimm; / lobsingt und danket allesamt, / Gott loben, das ist unser Amt.

(GL 474)

17. Station: Jesus begegnet den Jüngern von Emmaus

V Wir beten dich an, Herr Jesus Christus, und preisen dich.
A Denn durch dein heiliges Kreuz hast du die Welt erlöst.

Der Kreuzweg für Kranke und Behinderte am Gave

L *Aus dem hl. Evangelium nach Lukas:*
   So erreichten sie das Dorf, zu dem sie unterwegs
   waren. Jesus tat, als wolle er weitergehen, aber sie
   drängten ihn und sagten: „Bleib doch bei uns; denn es
   wird bald Abend, der Tag hat sich schon geneigt. Da
   ging er mit hinein, um bei ihnen zu bleiben. Und als
   er mit ihnen bei Tisch war, nahm er das Brot, sprach
   den Lobpreis, brach das Brot und gab es ihnen. Da
   gingen ihnen die Augen auf, und sie erkannten ihn;
   dann sahen sie ihn nicht mehr. Und sie sagten zu-
   einander: brannte uns nicht das Herz in der Brust,
   als er unterwegs mit uns redete und uns den Sinn der
   Schrift erschloss? Noch in derselben Stunde brachen
   sie auf und kehrten nach Jerusalem zurück, und sie
   fanden die Elf und die anderen Jünger versammelt.
   Diese sagten: „Der Herr ist wirklich auferstanden und
   ist dem Simon erschienen." Da erzählten auch sie,
   was sie unterwegs erlebt und wie sie ihn erkannt hat-
   ten, als er das Brot brach (Lk 24, 28-35).

V Jesus ist nicht mehr da. Die große Veränderung
   hat nicht stattgefunden. Alles bleibt beim Alten;
   die Jünger von Emmaus sind mutlos und traurig.
   Doch beim gemeinsamen Mahl erkennen sie
   seine Gegenwart, als er das Brot bricht und es in
   die Speise des ewigen Lebens verwandelt.
   Herr, lass uns dir begegnen, in deinem Wort und
   in den Gestalten von Brot und Wein. Sei bei uns
   auf unseren Wegen und lass uns dich finden in
   den Dunkelheiten unseres Lebens. Herr, erbarme
   dich.
A Erbarme dich unser, erbarme dich unserer Zeit.

Lied und Schlussgebet: 15. Station großer Kreuzweg
(S. 125 und 126)

Kerzen bei der Lichterprozession

Das Rosenkranzgebet und die Lichterprozession

Prozessionen sind seit biblischen Zeiten Zeichen für das pilgernde Gottesvolk. In Lourdes fand die erste Prozession zur Grotte bereits 1864 statt, als die Marienstatue dort aufgestellt wurde.

Jeden Abend versammeln sich die Pilger auf dem Platz vor der Grotte und ziehen betend und singend über den Prozessionsweg zum Bretonischen Kreuz. An der Spitze der Prozession führt Maria die Pilger auf diesem Weg durch das Dunkel der Nacht, der durch die Kerzen der Pilger erhellt wird. Wie Marias Leben einen Wendepunkt in der Geschichte markiert, so führt sie die Pilger zum Wendepunkt des Lebens, zu Kreuz und Auferstehung. Während der Lichterprozession beten die Pilger den Rosenkranz.

Im Rhythmus des Gehens und der Wiederholung werden die zentralen Glaubensgeheimnisse betrachtet. Der Lebens- und Glaubensweg Marias ist der Weg eines Menschen, der zur Vollendung geführt wird, weil er sich Gottes Führung überlässt.

Zu besonderen Festtagen beginnt die Prozession mit dem Glaubensbekenntnis:

V Credo in unum Deum,

V Patrem omnipoténtem, factórem caeli et terrae, visibilium ómnium et invisibílium.

A Et in unum Domium Jesum Christum, Filium Dei unigénitum,

V et ex Patre natum ante ómnia sáecula.

A Deum de Deo, lumen de lúmine, Deum verum de Deo vero,

V génitum, non factum, consubstantiálem Patri: per quem ómnia facta sunt.

A Qui propter nos hómines et propter nostram salutem descéndit de caelis.

V Et incarnatus est de Spíritu Sancto ex María Virgine, et homo factus est.

A Crucifíxus étiam pro nobis sub Póntio Piláto; passus et sepúltus est,

V et resurréxit tértia die, secúndum Scriptúras,

A et ascéndit in caelum, sedet ad déxteram Patris.

V Et íterum ventúrus est cum glória, iudicáre vivos et mórtuos, cuius regni non erit finis

A Et in Spíritum Sanctum, Dóminum et vivificántem: qui ex Patre Filióque procédit.

V Qui cum Patre et Fílio simul adorátur et conglorificátur: qui locútus est per Prophétas.

A Et unam, sanctam, cathólicam et apostólicam Ecclésiam.

V   Confíteor unum baptísma in remissiónem pecca-
tórum.
A   Et exspécto resurrectiónem mortuórum,
V   et vitam venture saéculi.
A   Amen.

Wir glauben an den einen Gott, den Vater, den Allmächtigen, der alles geschaffen hat, Himmel und
Erde, die sichtbare und die unsichtbare Welt.

Und an den einen Herrn Jesus Christus, Gottes
eingeborenen Sohn, aus dem Vater geboren vor aller
Zeit: Gott von Gott, Licht vom Licht, wahrer Gott vom
wahren Gott, gezeugt, nicht geschaffen, eines Wesens
mit dem Vater, durch ihn ist alles geschaffen. Für uns
Menschen und um unseres Heiles willen ist er vom
Himmel gekommen, hat Fleisch angenommen durch
den Heiligen Geist in der Jungfrau Maria und ist
Mensch geworden. Er wurde für uns gekreuzigt unter
Pontius Pilatus, hat gelitten und ist begraben worden,
ist am dritten Tage auferstanden nach der Schrift und
aufgefahren in den Himmel. Er sitzt zur Rechten des
Vaters und wird wiederkommen in Herrlichkeit, zu
richten die Lebenden und die Toten; seiner Herrschaft
wird kein Ende sein.

Wir glauben an den Heiligen Geist, der Herr ist
und lebendig macht, der aus dem Vater und dem Sohn
hervorgeht, der mit dem Vater und dem Sohn angebetet und verherrlicht wird, der gesprochen hat durch
die Propheten, und die eine, heilige, katholische und
apostolische Kirche. Wir bekennen die eine Taufe zur
Vergebung der Sünden. Wir erwarten die Auferstehung der Toten und das Leben der kommenden Welt.
Amen.

Jedes Geheimnis des Rosenkranzes wird mit einem
Satz aus der Schrift und einem kurzen Impuls einge-
leitet:

Die freudenreichen Geheimnisse (Samstag)

... Jesus, den du o Jungfrau, vom hl. Geist empfangen hast
Der Engel sagte zu Maria: „Du wirst ein Kind empfangen. Er wird groß sein und Sohn des Höchsten genannt werden", und Maria antwortet dem Engel: „Siehe, ich bin die Magd des Herrn" (vgl. Lk 1,26-38). Beten wir um die Gnade, dem Ruf Gottes treu zu sein und das Wort des Heiles zu erwarten.

... Jesus, den du, o Jungfrau, zu Elisabet getragen hast
Maria geht zu Elisabet, die sie mit den Worten begrüßt: „Wer bin ich, dass die Mutter meines Herrn zu mir kommt. Selig bist du, weil du dem Wort geglaubt hast." Da sagt Maria: „Meine Seele preist die Größe des Herrn, denn auf die Niedrigkeit seiner Magd hat er geschaut" (vgl. Lk 1,39-56).
Beten wir zu Gott voller Dankbarkeit für die Wunder, die er an uns getan hat, und für alle, die den in ihrem Leben gegenwärtigen Gott nicht erkennen können.

... Jesus, den du, o Jungfrau, geboren hast
Der Engel sagt zu den Hirten: „Heute ist euch der Retter geboren; er ist der Messias, der Herr. Ihr werdet das Kind finden, in einer Krippe liegend." Es steht geschrieben, dass Maria nach der Geburt Jesu alles, was geschehen war, in ihrem Herzen bewahrte (vgl. Lk 2,10-20).
Beten wir um die Gnade, das Wort Gottes und die Geheimnisse seiner Liebe aufmerksam zu betrachten, und für alle, die für ihr Leben noch keinen Sinn gefunden haben.

... Jesus, den du, o Jungfrau, im Tempel aufgeopfert hast
Der greise Simeon sagte zu Maria: „Herr, meine Augen haben das Heil gesehen, ein Licht, das die Heiden erleuchtet und Herrlichkeit für dein Volk. Dir

selbst wird ein Schwert durch die Seele dringen" (vgl. Lk 2,30-35).

Beten wir um die Gnade, in allen Situationen und trotz der Verfolgungen von Christus Zeugnis geben zu können, und für alle, die in ihrer Nacht das Licht erwarten.

... Jesus, den du, o Jungfrau, im Tempel wiedergefunden hast

Jesus sagt zu seinen Eltern: „Wusstet ihr nicht, dass ich in dem sein muss, was meinem Vater gehört?" Sie verstanden nicht, was er ihnen sagte. Doch Maria bewahrte diese Worte in ihrem Herzen (vgl. Lk 2,47-52).

Beten wir um die Gnade, dass wir Gott und seine Liebe auch mitten in den Prüfungen des Lebens anerkennen, und für alle, die nicht an Gott als Vater glauben.

Die lichtreichen Geheimnisse (Montag und Donnerstag)

... Jesus, der von Johannes getauft worden ist

Jesus ist gekommen, um die Menschen zu erlösen. Als Zeichen der Solidarität mit den Menschen und in Bereitschaft, den Willen des Vaters zu erfüllen, lässt er sich taufen und erfährt: „Du bist mein geliebter Sohn, an dir habe ich Gefallen gefunden" (vgl. Mk 1,9-11).

Bekennen wir uns mit Maria als Kinder Gottes.

... Jesus, der sich bei der Hochzeit in Kana offenbart hat

Maria will helfen, und sie weiß, dass nur Jesus die Not des Brautpaares lindern kann, deshalb sagt Maria zu den Dienern: „Was er euch sagt das tut" (vgl. Joh 2,1-12).

Setzen wir mit Maria das Wort des Herrn in die Tat um.

Die schmerzhaften Geheimnisse

... Jesus, der uns das Reich Gottes verkündet hat
Jesus heilt Kranke und vergibt Sünden als Zeichen des Reiches Gottes, das in ihm schon angebrochen ist. Deshalb spricht Jesus: „Kehrt um und glaubt an das Evangelium" (vgl. Mk 1,15; 2,1-12).
Hören wir auf Maria, die in Lourdes und an anderen Orten zur Umkehr einlädt.

... Jesus, der auf dem Berg verklärt worden ist
Jesus nimmt Petrus, Jakobus und Johannes mit auf den Berg, wo sie schon eine Erfahrung des österlichen Christus in seinem Licht machen dürfen. Deshalb bitten sie: „Herr, es ist gut, dass wir hier sind" (vgl. Lk 9,28-36).
Lassen wir uns wie Maria vom Heiligen Geist verwandeln.

... Jesus, der uns die Eucharistie geschenkt hat
So wie die Apostel beim Abendmahl die Eucharistie aus den Händen Jesu empfingen, so sollen auch wir teilhaben an seinem Leib. Deshalb sagt Jesus auch uns: „Tut dies zu meinem Gedächtnis" (vgl. Lk 22,14-23).
Lasst uns mit Maria teilhaben an der großartigen Hingabe unseres Retters.

Die schmerzhaften Geheimnisse (Dienstag und Freitag)

... Jesus, der für uns Blut geschwitzt hat
Jesus hat Angst, und dennoch kann er sagen: „Nicht mein, sondern dein Wille geschehe", und seine Jünger bittet er: „Wacht und betet, damit ihr nicht in Versuchung geratet" (vgl. Mt 26,36-46).
Bitten wir mit Maria den Vater, damit wir seinem liebenden Willen treu sein können, und für alle, die für die Zukunft keine Hoffnung haben.

... Jesus, der für uns gegeißelt worden ist
Pilatus verurteilt Jesus, obwohl er ihn als unschuldig erkennt, er übergibt ihn den Soldaten zur Geißelung (vgl. Lk 22,63-65).
Beten wir mit Maria für die Kranken und alle, die körperlich leiden müssen, für alle, die unter Gewalt oder Ungerechtigkeit leiden.

... Jesus, der für uns mit Dornen gekrönt worden ist
Jesus, der Christus und König, wird verspottet und lächerlich gemacht (vgl. Mt 27,27-31).
Bitten wir mit Maria den Vater für all jene, die verachtet oder von der Gesellschaft abgelehnt werden, und für alle, die gedemütigt und verachtet werden.

... Jesus, der für uns das schwere Kreuz getragen hat
Jesus trägt sein Kreuz bis an den Ort der Kreuzigung, als Zeichen seiner grenzenlosen Liebe zu den Menschen: „Vater, vergib ihnen, denn sie wissen nicht, was sie tun" (vgl. Lk 23,32-43).
Beten wir mit Maria für jene, die von der Feigheit oder der Verzweiflung versucht werden, und für alle, die unter Prüfungen und Versuchungen leiden.

Aufstellung zur Lichterprozession

... Jesus, der für uns gekreuzigt worden ist
Von allen verlassen stirbt Jesus, im Vertrauen auf Gott: „Vater, in deine Hände lege ich meinen Geist" (vgl. Lk 23,44-49).
Beten wir mit Maria für die Sterbenden, für die Opfer der Kriege, und für alle die in Todesgefahr sind oder im Sterben liegen.

Der glorreiche Rosenkranz (Mittwoch und Sonntag)

... Jesus, der von den Toten auferstanden ist
„Warum sucht ihr den Lebenden bei den Toten? Er ist nicht hier, er ist auferstanden" (vgl. Lk 24,1-12).
Beten wir für jene, die keinen Sinn in ihrem Leben finden, und für alle, die Angst vor der Zukunft haben.

... Jesus, der in den Himmel aufgefahren ist
Jesus kehrt zurück zum Vater, um uns einen Platz zu bereiten (vgl. Lk 24,50-53).
Beten wir für jene, die kein Ziel in ihrem Leben sehen, und für alle, die nicht an das ewige Leben glauben können.

... Jesus, der uns den Hl. Geist gesandt hat
Der Geist Jesu wir über die Apostel und alle, die an ihn glauben ausgegossen, der Geist, der uns zum Glaubenszeugnis befähigt und zu Boten Gottes macht (vgl. Apg 2,1-5).
Beten wir um die Gnade, wahre Zeugen des Evangeliums zu sein, und für jene, die die Frohe Botschaft von Jesus Christus noch nicht gehört haben.

... Jesus, der dich, o Jungfrau, in den Himmel aufgenommen hat
Jesus ist zum Vater vorausgegangen, um allen eine Wohnung zu bereiten und seine Mutter glaubte an ihn. Selig bist du, die du geglaubt hast (vgl. Joh 14,1-3).

Beten wir für diejenigen, die suchen und zweifeln, und für jene, die von der Verzweiflung heimgesucht werden.

... Jesus, der dich, o Jungfrau, im Himmel gekrönt hat
Der Geist der Liebe vereinigt alle Völker der Erde zu einer einzigen Familie. Maria, die Frau mit den Sternen, Bild der Kirche und der ganzen Schöpfung, hat das Ziel schon erreicht, denn auf die Niedrigkeit seiner Magd hat er geschaut (vgl. Offb 12,1-6).
Beten wir um die Gnade des Friedens in unseren Familien, unseren Gemeinschaften und unter den Völkern durch Jesus Christus im hl. Geist.

Zwischen den Gesätzen des Rosenkranzes singen die Pilger Loblieder in verschiedenen Sprachen, darunter traditionell das „Ave Maria von Lourdes" und „Maria im Heilsplan Gottes".

Das Ave Maria von Lourdes
R Ave, Ave, Ave Maria (2 Mal)
1. Die Glocken verkünden mit fröhlichem Laut, / das Ave Maria, so lieb und so traut.
2. Am Felsen erscheinet, vom Lichtglanz umhüllt, / dem Kind Bernadette ein himmlisches Bild.
3. Maria, wir pilgern zum heiligen Ort / hier strahlte dein Antlitz, ertönte dein Wort.
4. Du bittest uns mahnend mit sorgendem Blick: / Tut Buße und betet, zum Herrn kehrt zurück!
5. Dein Wunderquell brach aus dem steinigen Grund. / O mach uns an Leib und an Seele gesund!
6. Dass in Prozessionen wir ziehen einher, / dem Herren lobsingend, so war's dein Begehr.
7. Dein Wunsch war, dass auch eine Kirche ersteht, / als Bild eines Volkes, das Jesu Wege geht.

8. Mach sehend die Blinden, die Christus nicht sehn, / mach hörend die Tauben, die ihn nicht verstehn!

9. Erfülle mit Glauben das suchende Herz, / und stärke die Hoffnung, die führt himmelwärts!

10. Entzünde die Liebe zu Gott, unserm Herrn, / und auch zu dem Nächsten, ob nah oder fern.

11. Dein Sohn hat uns Sünder dem Vater versöhnt, / hat dich, unsre Mutter, im Himmel gekrönt.

12. Geleite uns Mutter, du himmlischer Stern, in Nacht und am Ende, bitt für uns beim Herrn.

Neue Strophen:

1. Wir kommen zur Mutter aus Ferne und Nacht, / zu finden das Licht, das der Welt sie gebracht.

2. O Jungfrau Maria, du himmlische Zier, / dich loben, dich ehren, dir huldigen wir.

3. Ohn' Erbsünd empfangen, an Gnaden so reich, / bist Mutter des Heilands und Jungfrau zugleich.

4. Der Licht ist vom Lichte, Sohn Gottes allein, / durch dich Mensch geworden, will Bruder uns sein.

5. Dich gab uns der Heiland in Leiden und Tod / zur Mutter und Tröst'rin in jeglicher Not.

6. Gib Stärke den Schwachen, den Kranken gib Heil, / uns allen werd' Gnade und Hoffnung zuteil.

7. Von Machtgier und Wahn ist die Menschheit bedroht. / Gib, dass sie begreife der Liebe Gebot.

8. Besiege den Hass, der die Völker entzweit. / Mach Herz, Mund und Hand zur Versöhnung bereit.

9. Du Mutter, vernimm unser Hoffen und Flehn: / Hilf allen, die Wege zum Frieden zu gehen.

10. Noch lasten die Nöte, noch harrt das Gericht, / doch gehen wir zu auf ein Ostern im Licht.

11. Hilf uns, deinen Pilgern, durch Kreuz und durch Leid, / mit dir zu gelangen zur ewigen Freud.

12. O leite und führe uns, himmlischer Stern, / zum Himmel, zur Heimat, zu Gott, unserm Herrn.

(T: Deutscher Lourdes-Verein Köln)

Maria im Heilsplan Gottes – Gott hat dich von Ewigkeit her

R   Ave, Ave, Ave Maria.

1. Gott hat dich von Ewigkeit her, / heil'ge Jungfrau auserwählt, / um seinen Sohn zu schenken der Welt, / du Gnadenvolle, wir rufen zu dir:

2. Heller Stern, im Dunkel der Nacht, / hast uns Licht und Heil gebracht. / O, unbefleckt Empfangene, dein Schein, / leucht' in die Nacht dieser Welt hinein:

3. Du bist Christi Mutter und Braut, / hast ihm ganz dein Herz vertraut. / Du hast geglaubt, gehofft und geliebt. / Liebe und Glaube und Hoffnung uns gib:

4. Du hast Teil an Christi Werk, / gingst mit ihm zum Kreuzesberg, / standest bei ihm in bitterster Not, / hieltest die Treue ihm bis in den Tod:

5. Gott hat dich im Himmel verklärt, / weil du dich so treu bewährt. / Führ uns den Weg ins himmlische Reich. / Wir wollen werden, o Mutter, dir gleich:

6. Stets soll Gottes Wille geschehn. / Er soll uns gehorsam sehn. / Lass uns wie du, gehorsame Magd, / sprechen, was du zu dem Engel gesagt:

7. Zeige uns des Lebens Sinn: / Führe uns zu Christus hin; / lass alle Menschen Brüder uns sein; / hilf uns, das Leben den Brüdern zu weihn:

8. Öffne Augen uns und das Herz / für des Bruders Leid und Schmerz, / dass wir ihm geben Freiheit und Brot / und so erfüllen des Herren Gebot:

9. Lob und Dank sei Gott in der Höh! / Seinem auf-

erstandnen Sohn, / dem heilgen Geiste, der in uns wohnt, / in dieser Zeit und in Ewigkeit:
(T nach: Ludwig Steger   M: Paul Décha)

Neue Strophen:

1. O Maria, Mutter des Herrn, / du hast Ja gesagt zu Gott / und zu seinem Plan mit der Welt. / Gottesmutter wir rufen zu dir.

2. Mutter Gottes, gütige Frau, / du schenkst allen deinen Sohn, / zur Freude deines Schöpfers und Herrn. / Gnadenvolle wir rufen zu dir.

3. Unter deinen Schutz und Schirm / fliehen wir stets voll Vertrau'n. / Schütze uns alle, hör unser Fleh'n. / Gnadenvolle, wir loben dich all.

4. Du bist stets in unserer Näh'. / Bleibst bei uns in Freud und Leid, / dass unsre Herzen sind voller Freud. / Gnadenvolle, wir rufen zu dir.

Abschluss auf dem Rosenkranzplatz

5. Führe alle zu deinem Sohn, / dessen Wort nur Liebe ist, / der uns gelehrt, wir sollen verzeih'n. / Gnadenvolle wir hören auf dich.

6. Stets soll Gottes Wille geschehn. / Er soll uns gehorsam sehn. / Lass uns wie du, gehorsame Magd, / sprechen, was du zu dem Engel gesagt.

7. Mutter Gottes, himmlische Frau, / auf uns, deine Pilger schau. / Du bist Mutter, wir haben dich gern. / Nimm uns an und führ uns zum Herrn.

8. Dir war unsere Wallfahrt geweiht. / Begleite unsere Lebenszeit. / Hilf uns leben, wie Gott es will, / denn so finden wir sicher das Ziel.

9. Lob und Ehr sei Gott in der Höh, / seinem auferstand'nen Sohn, / dem Heil'gen Geiste, der in uns wohnt, / jetzt und in alle Ewigkeit.

(T: Str. 1, 7-8: Pfr. Edwin Erhard)

Strophen zu Maria in der Heilsgeschichte:

1. Gott hat dich, Maria erwählt / schon vor Zeiten ungezählt, / dass du uns bringst den göttlichen Sohn / der in die Krippe herabsteigt vom Thron.

2. Du bist Christi Mutter und Braut, / hast ihm ganz dein Herz vertraut. / Du hast geglaubt, gehofft und geliebt. / Liebe und Glaube und Hoffnung uns gib.

3. Du hast teil an Christi Werk, / gingst mit ihm zum Kreuzesberg, / standest bei ihm in bitterster Not, / hieltest die Treue ihm bis in den Tod.

4. Gott hat dich im Himmel verklärt, / weil du dich so treu bewährt. / Führ uns den Weg ins himmlische Reich. / Wir wollen werden, o Mutter, dir gleich.

5. Stets soll Gottes Wille geschehn. / Er soll uns gehorsam sehn. / Lass uns wie du, gehorsame Magd, / sprechen, was du zu dem Engel gesagt.

6. Zeige uns des Lebens Sinn: / Führe uns zu Christus hin; / lass allen Menschen nahe uns sein; / hilf uns, das Leben den Nächsten zu weihn!

7. Öffne Augen uns und das Herz / für des Nächsten Leid und Schmerz, / dass wir ihm geben Freiheit und Brot / und so erfüllen des Herren Gebot.

(T: Pilgerbuch zur Deutschen Militärwallfahrt 2008)

Die Prozession ist ein Weg zum Kreuz, das nicht nur Wendepunkt der Prozession ist (beim Bretonischen Kreuz), sondern Wendepunkt des Lebens sein kann, der zur Mitte des Lebens führt – bei der Prozession zurück in die Mitte des Wallfahrtsbezirks, wo die Pilger den Segen Gottes empfangen:

V	Dominus vobiscum.	Der Herr sei mit euch.
A	Et cum spiritu tuo	Und mit deinem Geiste.
V	Sit nomen Domini benedictum.	Der Name des Herrn sei gepriesen.
A	Ex hoc nunc et usque in saeculum.	Von nun an bis in Ewigkeit.
V	Adiutorium nostrum in nomini Domini.	Unsere Hilfe ist im Namen des Herrn.
A	Qui fecit caelum et terram.	Der Himmel und Erde erschaffen hat.
V	Benedicat vos omnipotens Deus, + Pater et Filius et Spiritus Sanctus.	Es segne euch der allmächtige Gott, + der Vater und der Sohn und der Heilige Geist.
A	Amen.	Amen.

Zum Abschluss der Prozession und des Pilgertages vertrauen sich die Pilger im „Salve Regina" der Fürsprache Mariens an:

Salve, Regina, mater misericordiae;
Vita, dulcedo et spes nostra, salve.
Ad te clamamus, exules filii Evae.
Ad te suspiramus, gementes et flentes
in hac lacrimarum valle.
Eia ergo, advocata nostra,

illos tuos misericordes oculos ad nos converte.
Et Jesum, benedictum fructum ventris tui,
nobis post hoc exilium ostende.

O clemens, o pia, o dulcis Virgo Maria.

Sei gegrüßt, o Königin, Mutter der Barmherzigkeit:
Unser Leben, unsere Wonne und unsere Hoffnung, sei gegrüßt!
Zu dir rufen wir, verbannte Kinder Evas;
zu dir seufzen wir trauernd und weinend
in diesem Tal der Tränen.
Wohlan denn, unsere Fürsprecherin,
wende deine barmherzigen Augen uns zu,
und nach diesem Elend zeige uns Jesus,
die gebenedeite Frucht deines Leibes.

O gütige, o milde, o süße Jungfrau Maria.

Die Eucharistische Prozession

Neben der Lichterprozession gehört die Eucharistische Prozession zu den ältesten Traditionen der Lourdeswallfahrt und war von Anfang an mit der Segnung der Kranken verbunden. Die Pilger versammeln sich zum Volk Gottes, das unterwegs ist mit Christus im Wort der Heiligen Schrift und in der Gestalt des eucharistischen Brotes. Die Begegnung mit Christus in der eucharistischen Anbetung und Prozession vergegenwärtigt die Bedeutung der Eucharistie im Leben des Christen und bereitet auf den Empfang des Leibes Christi vor.

Die Prozession beginnt gegenüber der Grotte und zieht über die Esplanade zur Unterirdischen Basilika, in der die Kranken und ein Teil der Pilger sich versammelt haben, um Christus zu empfangen.

Ein Diakon trägt das Evangeliar – Zeugnis der Gegenwart Christi in seinem Wort. Es folgen die Symbole der Evangelisten, dann Banner mit den Leidenswerkzeugen und Palmen als Hinweise auf das Paradies und das vom Tod befreite unzerstörbare Leben.

Unmittelbar hinter dem Allerheiligsten gehen Ärzte und Pflegepersonal und legen Zeugnis ab für Christus, den Arzt, der allein die Menschen heilen kann. Zum Einzug in die Unterirdische Basilika wird Christus begrüßt:

Lauda, Jerusalem, Dominum: lauda Deum tum, Sion. Hosanna, Hosanna, Hosanna filio David.

Lesung aus dem 1. Brief des Apostels Paulus an die Korinther:
Jesus, der Herr, nahm in der Nacht, in der er ausgeliefert wurde, Brot, sprach das Dankgebet, brach das Brot und sagte: Das ist mein Leib für euch. Tut dies zu meinem Gedächtnis (1 Kor 11,23-24).

In der Stille der Eucharistischen Anbetung danken und verehren die Gläubigen den gegenwärtigen Christus. Die Feier endet mit der Segnung der Kranken und aller Anwesenden und dem Lobpreis Christi:

1. **Tantum ergo sacramentum** / veneremur cernui, / et antiquum documentum / novo cedat ritui; / praestet fides supplementum / sensuum defectui.
2. Genitori Genitoque / laus et jubilatio / salus, honor, virtus quoque / sit et benedictio. / Procedenti ab utroque / compar sit laudatio. / Amen
V Panem de caelo praestitisti eis.
A Omne delectamentum in se habentem.

Die tägliche Eucharistiefeier

V Oremus – Deus, qui nobis sub sacramento mirabilis passionis tuae memoriam reliquisti: tribue, quaesumus, ita nos corporis et sanguinis tui sacra mysteria venerari, ut redemptionis tuae fructum in nobis jugiter sentiamus. Qui vivis et regnas in saecula saeculorum.

A Amen

Tantum ergo (deutsche Übersetzung)

1. Sakrament der Liebe Gottes: / Leib des Herrn, sei hoch verehrt, / Mahl, das uns mit Gott vereinigt, / Brot, das unsre Seele nährt, / Blut, in dem uns Gott besiegelt / seinen Bund, der ewig währt.

2. Lob und Dank sei Gott dem Vater, / der das Leben uns verheißt, / seinem Wort, dem ewgen Sohne, / der im Himmelsbrot uns speist; / auch der Born der höchsten Liebe / sei gelobt, der Heilge Geist. / Amen.

V Brot vom Himmel hast du ihnen gegeben.

A Das alle Erquickung in sich birgt.

V Lasset uns beten – Herr Jesus Christus, im wunderbaren Sakrament des Altares hast du uns das Gedächtnis deines Leidens und deiner Auferstehung hinterlassen. Gib uns die Gnade, die heiligen Geheimnisse deines Leibes und Blutes so zu verehren, dass uns die Frucht der Erlösung zuteil wird. Der du lebst und herrschest in Ewigkeit.

A Amen.

(GL 541 / 542)

Die tägliche Eucharistiefeier

Marienwallfahrtsorte wie Lourdes sind Orte der Menschwerdung und darum eucharistische Orte: Sie bezeugen die Menschwerdung Gottes in Maria und zeigen den Weg zur persönlichen Menschwerdung durch Jesus Christus und seine Gegenwart in der Eucharistie. Deshalb ist die tägliche Eucharistiefeier der Höhepunkt des Pilgertages.

Hl. Messe von der Erscheinung Mariens in Lourdes

Schuldbekenntnis

Ich bekenne Gott, dem Allmächtigen, und allen Brüdern und Schwestern, dass ich Gutes unterlassen und Böses getan habe – ich habe gesündigt in Gedanken, Worten und Werken – durch meine Schuld, durch meine Schuld, durch meine große Schuld. Darum bitte ich die selige Jungfrau Maria, alle Engel und Heiligen, und euch, Brüder und Schwestern, für mich zu beten bei Gott, unserm Herrn.

Gloria in excelsis Deo

Ehre sei Gott in der Höhe und Friede auf Erden den Menschen seiner Gnade. Wir loben dich, wir preisen dich, wir beten dich an, wir rühmen dich und danken dir, denn groß ist deine Herrlichkeit: Herr und Gott, König des Himmels, Gott und Vater, Herrscher über das All, Herr, eingeborener Sohn, Jesus Christus.

Herr und Gott, Lamm Gottes, Sohn des Vaters, du nimmst hinweg die Sünde der Welt: erbarme dich unser; du nimmst hinweg die Sünde der Welt: nimm an unser Gebet; du sitzest zur Rechten des Vaters: erbarme dich unser.

Denn du allein bist der Heilige, du allein der Herr, du allein der Höchste: Jesus Christus, mit dem Heiligen Geist, zur Ehre Gottes des Vaters. Amen.

Hl. Messe von der Erscheinung Mariens in Lourdes

Tagesgebet

Heiliger Vater, mit Güte wachst du über dein Volk. Du wolltest, dass die makellose Jungfrau Maria an diesem Ort Bernadette einführt in die Lehre deines Sohnes. Öffne unsere Herzen für diese Botschaft des Gebetes und der Buße, damit das Licht des Evangeliums unser ganzes Herz erleuchte. Darum ...

Lesung aus der Offenbarung des Johannes

Ich Johannes, sah einen neuen Himmel und eine neue Erde; denn der erste Himmel und die erste Erde sind vergangen, auch das Meer ist nicht mehr. Ich sah die heilige Stadt, das neue Jerusalem, von Gott her aus dem Himmel herabkommen; sie war bereit wie eine Braut, die sich für ihren Mann geschmückt hat. Da hörte ich eine laute Stimme vom Thron her rufen: Seht, die Wohnung Gottes unter den Menschen! Er wird in ihrer Mitte wohnen, und sie werden sein Volk sein; und er, Gott, wird bei ihnen sein. Er wird alle Tränen von ihren Augen abwischen: Der Tod wird nicht mehr sein, keine Trauer, keine Klage, keine Mühsal. Denn was früher war, ist vergangen. Er, der auf dem Thron saß, sprach: Seht, ich mache alles neu. Ich bin das Alpha und das Omega, der Anfang und das Ende. Wer durstig ist, den werde ich umsonst aus der Quelle trinken lassen, aus der das Wasser des Lebens strömt. Wer siegt, wird dies als Anteil erhalten: Ich werde sein Gott sein und er wird mein Sohn sein. (Offb 21,1-7)

Antwortpsalm

V   Freut euch, wir sind Gottes Volk, erwählt durch seine Gnade. – R

Jauchzt vor dem Herrn, alle Länder der Erde! /
Dient dem Herrn mit Freude! *

Kommt vor sein Antlitz mit Jubel!
Erkennt: Der Herr allein ist Gott. /
Er hat uns geschaffen, wir sind sein Eigentum, *
sein Volk und die Herde seiner Weide. – R

Tretet mit Dank durch seine Tore ein! /
Kommt mit Lobgesang in die Vorhöfe seines
Tempels! *
Dankt ihm, preist seinen Namen!
Denn der Herr ist gütig, /
ewig währt seine Huld, *
von Geschlecht zu Geschlecht seine Treue. – R
(GL 741)

Ruf vor dem Evangelium
Halleluja. Halleluja.
Maria sprach: Was Jesus euch sagt, das tut!
Halleluja.

+ Aus dem heiligen Evangelium nach Johannes
In jener Zeit fand in Kana in Galiläa eine Hochzeit
statt, und die Mutter Jesu war dabei. Auch Jesus und
seine Jünger waren zur Hochzeit eingeladen. Als der
Wein ausging, sagte die Mutter Jesu zu ihm: Sie haben
keinen Wein mehr. Jesus erwiderte ihr: Was willst du
von mir, Frau? Meine Stunde ist noch nicht gekommen. Seine Mutter sagte zu den Dienern: Was er euch
sagt, das tut! Es standen dort sechs steinerne Wasser-
krüge, wie es der Reinigungsvorschrift der Juden ent-
sprach; jeder fasste ungefähr hundert Liter. Jesus sagte
zu den Dienern: Füllt die Krüge mit Wasser! Und sie
füllten sie bis zum Rand. Er sagte zu ihnen: Schöpft
jetzt und bringt es dem, der für das Festmahl verantwortlich ist. Sie brachten es ihm. Er kostete das Wasser, das zu Wein geworden war. Er wusste nicht, woher

der Wein kam; die Diener aber, die das Wasser geschöpft hatten, wussten es. Da ließ er den Bräutigam rufen und sagte zu ihm: Jeder setzt zuerst den guten Wein vor und erst, wenn die Gäste zu viel getrunken haben, den weniger guten. Du jedoch hast den guten Wein bis jetzt zurückgehalten. So tat Jesus sein erstes Zeichen, in Kana in Galiläa, und offenbarte seine Herrlichkeit und seine Jünger glaubten an ihn (Joh 2,1-10).

Fürbitten

V   Das Evangelium zeigt uns: Maria weiß um unsere Sorgen und Anliegen. Sie tritt als Fürsprecherin für uns ein. In diesem Vertrauen kommen wir zu Jesus und bitten ihn:

– Für die Suchenden: Fülle ihre Fragen mit Sinn und Antwort. Auf die Fürsprache Mariens erhöre uns, Christus.

– Für die Lourdespilger aus aller Welt: Fülle ihre Herzen an mit Glaubenskraft, damit sie das Zeugnis von Gottes Zuneigung zum Menschen hinaustragen auf den ganzen Erdkreis. Auf die Fürsprache Mariens erhöre uns, Christus.

– Für die Kranken: Fülle ihre Lebenskrüge mit Geduld und schenke ihnen Heilung an Leib und Seele. Auf die Fürsprache Mariens erhöre uns, Christus.

– Für all die Anliegen, die uns Menschen mit auf den Weg nach Lourdes gegeben haben: Lass sie durch unsere Gebete Lösungen für ihre Fragen und die Herausforderungen des Lebens finden. Auf die Fürsprache Mariens erhöre uns, Christus.

– Für uns selbst bitten wir: Lass unseren Aufenthalt in Lourdes zu einer Zeit des Umdenkens und der Umkehr werden, die uns auf den Weg des Bundes mit Gott hinführt. Auf die Fürsprache Mariens erhöre uns, Christus.

V Denn wenn du, Herr, die leeren Krüge unseres Lebens mit dem Wein deiner Freude füllst, können wir aufatmen, wieder hoffen und neu leben. Allmächtiger Gott, auf die Fürsprache der Mutter deines Sohnes erhöre unsere Bitten durch Christus, unseren Herrn.

Gabengebet
Z Herr, unser Gott, wir legen die Gaben auf den Altar. Heilige sie durch deinen Geist, der mit seiner Kraft die Jungfrau Maria überschattet hat. Darum ...

„Tut, was er euch sagt"

Präfation

Z Der Herr sei mit euch.

A Und mit deinem Geiste.

Z Erhebet die Herzen.

A Wir haben sie beim Herrn.

Z Lasset uns danken dem Herrn, unserm Gott.

A Das ist würdig und recht.

Z In Wahrheit ist es würdig und recht, dir, Herr, heiliger Vater, allmächtiger ewiger Gott, immer und überall zu danken durch unsern Herrn Jesus Christus. Denn durch das Walten deiner Vorsehung hat die selige Jungfrau Maria, vom Heiligen Geist überschattet, der Welt den Erlöser geboren. Zu Kana in Galiläa trat sie für die Brautleute ein bei ihrem Sohn, der dort sein erstes Zeichen tat: Zur Freude der Gäste wandelte er das Wasser in Wein, und die Jünger glaubten an ihren Meister. Nun hast du Maria als Königin zur Rechten ihres Sohnes erhoben; sie kommt der Kirche in allen Nöten zu Hilfe. Uns allen, die Jesus Christus ihr vom Kreuz herab anvertraute, steht sie bei als Dienerin des Erbarmens und als fürsorgliche Mutter. Darum preisen wir dich mit allen Engeln und Heiligen und singen vereint mit ihnen das Lob deiner Herrlichkeit:

A **Heilig, heilig, heilig** Gott, Herr aller Mächte und Gewalten. Erfüllt sind Himmel und Erde von deiner Herrlichkeit. Hosanna in der Höhe. Hochgelobt sei, der da kommt im Namen des Herrn. Hosanna in der Höhe.

Zweites Hochgebet

Z Ja, du bist heilig, großer Gott, du bist der Quell aller Heiligkeit. Darum bitten wir dich:

Z   Sende deinen Geist auf diese Gaben herab und heilige sie, damit sie uns werden Leib und Blut deines Sohnes, unseres Herrn Jesus Christus.

Denn am Abend, an dem er ausgeliefert wurde und sich aus freiem Willen dem Leiden unterwarf, nahm er das Brot und sagte Dank, brach es, reichte es seinen Jüngern und sprach:

NEHMET UND ESSET ALLE DAVON: DAS IST MEIN LEIB, DER FÜR EUCH HINGEGEBEN WIRD.

Ebenso nahm er nach dem Mahl den Kelch, dankte wiederum, reichte ihn seinen Jüngern und sprach:

NEHMET UND TRINKET ALLE DARAUS: DAS IST DER KELCH DES NEUEN UND EWIGEN BUNDES, MEIN BLUT, DAS FÜR EUCH UND FÜR ALLE VERGOSSEN WIRD ZUR VERGEBUNG DER SÜNDEN. TUT DIES ZU MEINEM GEDÄCHTNIS.

Z   Geheimnis des Glaubens.

A   Deinen Tod, o Herr, verkünden wir, und deine Auferstehung preisen wir, bis du kommst in Herrlichkeit.

Z   Darum, gütiger Vater, feiern wir das Gedächtnis des Todes und der Auferstehung deines Sohnes und bringen dir so das Brot des Lebens und den Kelch des Heiles dar. Wir danken dir, dass du uns berufen hast, vor dir zu stehen und dir zu dienen. Wir bitten dich: Schenke uns Anteil an Christi Leib und Blut und lass uns eins werden durch den Heiligen Geist. Gedenke deiner Kirche auf der ganzen Erde und vollende dein Volk in der Liebe, vereint mit unserem Papst ..., dem Bischof von der Diözese Tarbes und Lourdes, unseren Heimatbischöfen und allen Bischöfen, unseren Priestern und Diakonen und mit allen, die zum Dienst in der Kirche bestellt sind. Gedenke unserer Brüder und Schwestern, die entschlafen sind in der Hoffnung, dass sie auferstehen. Nimm sie und alle, die in deiner Gnade aus dieser Welt geschieden sind, in dein Reich auf, wo sie dich schauen von Angesicht zu Angesicht. Vater, erbarme dich über uns alle, damit uns das ewige Leben zuteil wird in der Gemeinschaft mit der seligen Jungfrau und Gottesmutter Maria, mit deinen Aposteln, mit der heiligen Bernadette und mit allen, die bei dir Gnade gefunden haben von Anbeginn der Welt, dass wir dich loben und preisen durch deinen Sohn Jesus Christus.

Durch ihn und mit ihm und in ihm ist dir, Gott, allmächtiger Vater, in der Einheit des Heiligen Geistes alle Herrlichkeit und Ehre jetzt und in Ewigkeit.

A   Amen.

Vater unser

Z   Dem Wort unseres Herrn und Erlösers gehorsam und getreu seiner göttlichen Weisung wagen wir zu sprechen:

A   Pater noster, qui es in caelis, sanctificetur nomen tuum, adveniat regnum tuum; fiat voluntas tua, sicut in caelo et in terra. Panem nostrum cotidianum da nobis hodie, et dimite nobis debita nostra, sicut et nos dimittimus debitoribus nostris; et ne nos inducas in tentationem, sed libera nos a malo.

Z   Erlöse uns, Herr, allmächtiger Vater, von allem Bösen und gib Frieden in unseren Tagen. Komm uns zu Hilfe mit deinem Erbarmen und bewahre uns vor Verwirrung und Sünde, damit wir voll Zuversicht das Kommen unseres Erlösers Jesus Christus erwarten.

A Denn dein ist das Reich und die Kraft und die Herrlichkeit in Ewigkeit. Amen.

Friedensgruß

Z Der Herr hat zu seinen Aposteln gesagt: Frieden hinterlasse ich euch, meinen Frieden gebe ich euch. Deshalb bitten wir: Herr, Jesus Christus, schau nicht auf unsere Sünden, sondern auf den Glauben deiner Kirche und schenke ihr nach deinem Willen Einheit und Frieden.

(Osterzeit): Am Ostertag trat Jesus in die Mitte seiner Jünger und sprach den Friedensgruß. Deshalb bitten wir: Herr Jesus Christus, du Sieger über Sünde und Tod, schau nicht auf unsere Sünden, sondern auf den Glauben deiner Kirche und schenke ihr nach deinem Willen Einheit und Frieden.

Z Der Friede des Herrn sei allezeit mit euch!
A Und mit deinem Geiste.

Agnus Dei

Z Lamm Gottes,
A du nimmst hinweg die Sünde der Welt: erbarme dich unser. (2 Mal)
Z Lamm Gottes,
A du nimmst hinweg die Sünder der Welt: gib uns deinen Frieden.

Kommunionvers

Z Selig der Mensch, der trägt den Herrn, den Sohn des ewigen Vaters.

Hl. Messe von der Erscheinung Mariens in Lourdes

Schlussgebet
Z Herr, du hast uns mit dem eucharistischen Mahl von neuem gestärkt. Lass uns in der Kraft dieser Speise mit Maria, unserer Mutter, den Weg gehen, der uns zur himmlischen Heimat führt. Darum ...

Segen
Z Der Herr sei mit euch.
A Und mit deinem Geiste.
V Gott der allmächtige Vater segne euch durch den Erlöser der Welt, unseren Herrn Jesus Christus, den Sohn der jungfräulichen Mutter Maria.
A Amen.
Z Sie hat den Urheber des Lebens geboren, ihre mütterliche Fürsprache erwirke euch Gottes Hilfe.
A Amen.
Z Euch und allen, die das Gedächtnis ihrer Erscheinung begehen, schenke Gott die wahre Freude und den ewigen Lohn.
A Amen.
V So segne euch der Allmächtige Gott, + der Vater + und der Sohn + und der Heilige Geist.
A Amen.

Hl. Messe zu Ehren der heiligen Bernadette Soubirous

Tagesgebet
Z Herr, unser Gott, unter den Demütigen, die du liebst und verherrlichst, hast du die heilige Bernadette auserwählt. Du hast ihr die Freude geschenkt, die selige Jungfrau Maria zu schauen und mit ihr zu sprechen. Auf ihre Fürsprache und nach ihrem Vorbild lass uns im Glauben ihr folgen auf

den Wegen, die du uns zeigst und die zum verheißenen Glück führen. Darum ...

Lesung aus dem 1. Brief des Apostels Paulus an die Korinther

Schwestern und Brüder! Seht doch auf eure Berufung! Da sind nicht viele Weise im irdischen Sinn, nicht viele Mächtige, nicht viele Vornehme, sondern das Törichte in der Welt hat Gott erwählt, um die Weisen zu Schanden zu machen, und das Schwache in der Welt hat Gott erwählt, um das Starke zu Schanden zu machen. Und das Niedrige in der Welt und das Verachtete hat Gott erwählt: das, was nichts ist, um das, was etwas ist, zu vernichten, damit kein Mensch sich rühmen kann vor Gott. Von ihm her seid ihr in Christus Jesus, den Gott für uns zur Weisheit gemacht hat, zur Gerechtigkeit, Heiligung und Erlösung. Wer sich also rühmen will, der rühme sich des Herrn; so heißt es schon in der Schrift (1 Kor 1,26-31).

Antwortpsalm

R   Wohl dem Menschen, der Gottes Wege geht! – R

Wohl dem Mann, der nicht dem Rat der Frevler folgt, /
nicht auf dem Weg der Sünder geht, *
nicht im Kreis der Spötter sitzt,
sondern Freude hat an der Weisung des Herrn, *
über seine Weisung nachsinnt bei Tag und bei Nacht.
– R

Er ist wie ein Baum, *
der an Wasserbächen gepflanzt ist,
der zur rechten Zeit seine Frucht bringt *
und dessen Blätter nicht welken. – R
(GL 708)

Ruf vor dem Evangelium
Halleluja. Halleluja.
Sei gepriesen, Vater, Herr des Himmels und der Erde; du hast die Geheimnisse des Reiches den Unmündigen offenbart.
Halleluja.

+ Aus dem heiligen Evangelium nach Johannes
In jener Zeit sprach Jesus zu seinen Jüngern: Die Stunde ist gekommen, dass der Menschensohn verherrlicht wird. Amen, amen, ich sage euch: Wenn das Weizenkorn nicht in die Erde fällt und stirbt, bleibt es allein; wenn es aber stirbt, bringt es reiche Frucht. Wer an seinem Leben hängt, verliert es; wer aber sein Leben in dieser Welt gering achtet, wird es bewahren bis ins ewige Leben. Wenn einer mir dienen will, folge er mir nach; und wo ich bin, dort wird auch mein Diener sein. Wenn einer mir dient, wird der Vater ihn ehren (Joh 12,23-26).

Fürbitten
V   Gott, unser Vater, Bernadette nährte sich von deinem Wort und von der Eucharistie. Sie glaubte an die Kraft des Gebets. Wie sie wenden wir uns an

Lourdes, ein Ort für junge Menschen

dich mit unserem bescheidenen und vertrauens-
vollen Gebet:

– Hilf uns, nach dem Vorbild der heiligen Berna-
  dette nach Demut und Opferbereitschaft zu stre-
  ben.
– Schenke uns Freude und Ausdauer in allem
  Guten.
– Hilf uns, unser Leben anzunehmen.
– Erfülle uns mit dem Geist der Hilfsbereitschaft.
– Rufe Männer und Frauen in den Dienst der
  Kirche, die in tätiger Nächstenliebe und in der
  Verkündigung des Evangeliums der Not der
  Menschen entgegenwirken.

V Gott unser Vater, mit der heiligen Bernadette
   zeigst du uns ein Vorbild und einen Weg der Heiligkeit. Hilf, dass wir nach ihrem Beispiel mit all
   unseren Kräften mithelfen bei der Ausbreitung
   deines Reiches und am Dienst an unseren Schwestern und Brüdern. Darum bitten wir durch Christus, unseren Herrn.

Gabengebet

Z Herr, nimm unsere Gaben an, die wir dir in
   Demut darbringen. Lass uns gleich der heiligen
   Bernadette dir in Gebet und Opfergeist nachfol-
   gen. Darum bitten wir durch Christus, unseren
   Herrn. Amen.

Präfation

Z Der Herr sei mit euch.
A Und mit deinem Geiste.
Z Erhebet die Herzen.
A Wir haben sie beim Herrn.
Z Lasset uns danken dem Herrn, unserm Gott.
A Das ist würdig und recht.

Z In Wahrheit ist es würdig und recht, dir, allmächtiger Vater zu danken und in den Heiligen deine Gnade zu rühmen. Inmitten der Kirche berufst du Menschen, sich Christus zu weihen und mit ganzer Hingabe das Himmelreich zu suchen. In ihnen offenbarst du deinen Ratschluss, uns Menschen die ursprüngliche Heiligkeit neu zu schenken und uns schon jetzt mit Freude an den Gütern der kommenden Welt zu erfüllen durch unseren Herrn Jesus Christus. Durch ihn preisen dich Himmel und Erde, Engel und Menschen und singen wie aus einem Munde das Lob deiner Herrlichkeit:

Kommunionvers

Z So spricht der Herr: Selig, die arm sind vor Gott; denn ihnen gehört das Himmelreich.

Schlussgebet

Z Herr, durch diese heilige Kommunion, die uns in deiner Liebe versammelt hat, gewähre uns die Kraft, die Bernadette animiert hat in ihrem Kampf um Heiligkeit. Darum ...

Segen

Z Der Herr sei mit euch

A Und mit deinem Geiste.

Z Gott selbst ist der Ruhm der Heiligen, ihre Ehre und ihr Glück, und er lässt euch teilhaben an ihrem Fest: Er segne euch immerwährend.

A Amen.

Z Er segne euch, indem er euch helfe, euch mehr einzusetzen in seinem Dienst und für eure Schwestern und Brüder.

A Amen.

Z Die ganze Kirche ist glücklich darüber, dass viele

ihrer Kinder im himmlischen Frieden sind: Dort erwartet euch Gott.

A Amen.

Z So segne euch der dreifaltige Gott, + der Vater + und der Sohn + und der Heilige Geist.

A Amen.

Abschied von Lourdes mit Segnung der Andachtsgegenstände

Wenn die Pilger Lourdes wieder verlassen, nehmen sie eine Vielfalt an Eindrücken mit. Diese zu bewahren und die Daheimgebliebenen daran teilnehmen zu lassen, ist Sinn der Andenken und Devotionalien, die am Ende der Wallfahrt gesegnet werden. Zur Erinnerung und Bewahrung der (Glaubens-)Erfahrungen dient auch das Wasser, das die Pilger in großen und kleinen Kanistern für zuhause abfüllen.

Segnung der Andachtsgegenstände

Gott hat uns gesegnet durch Christus:
Gepriesen sei der Gott und Vater unseres Herrn Jesus Christus: Er hat uns mit allem Segen seines Geistes gesegnet durch unsere Gemeinschaft mit Christus im Himmel. Denn in ihm hat er uns erwählt vor der Erschaffung der Welt, damit wir heilig und untadelig leben vor Gott; er hat uns aus Liebe im Voraus dazu bestimmt, seine Söhne zu werden durch Jesus Christus und nach seinem gnädigen Willen zu ihm zu gelangen, zum Lob seiner herrlichen Gnade. Er hat sie uns geschenkt in seinem geliebten Sohn (Eph 1,3-6).

V Unsere Hilfe ist im Namen des Herrn.

Segnung der Andachtsgegenstände

A Der Himmel und Erde erschaffen hat.

V Herr, erhöre mein Gebet.

A Und lass mein Rufen zu dir kommen.

V Lasset uns beten: Herr und Gott, segne + alle, die diese Zeichen aufbewahren oder bei sich tragen. Sie sollen uns anregen, im Gebet bei dir Hilfe zu suchen und dir und den Menschen immer besser zu dienen. Darum bitten wir durch Christus, unseren Herrn.

V Segne + diese Kreuze. Stärke unseren Glauben, damit wir in der Torheit des Kreuzes deine Macht und Weisheit erkennen und in Ewigkeit teilhaben an der Frucht des Todes und der Auferstehung deines Sohnes, unseres Herrn Jesus Christus, der in der Einheit des Heiligen Geistes mit dir lebt und herrscht in alle Ewigkeit.

V Segne + diese Rosenkränze und jeden, der sie zur Ehre deiner Mutter in die Hand nimmt. Lass alle, die mit Maria die Geheimnisse deines Lebens, deiner Verkündigung, deines Leidens und deiner Verherrlichung betend erwägen, immer mehr eindringen in die Tiefe des Reichtums, der Weisheit und der Erkenntnis des Vaters, mit dem du lebst und herrschest in alle Ewigkeit.

V Segne + diese Marienbilder und -statuen, die uns daran erinnern, dass Maria, die Mutter Christi, auch unsere Mutter ist, die wir in jeder Not anrufen dürfen. Gib, dass wir wie Maria deinem Sohn nachfolgen und zur ewigen Gemeinschaft mit ihm gelangen. Darum bitten wir durch Christus, unseren Herrn.

Segnung der Andachtsgegenstände

V   Segne + diese Bilder und Statuen der hl. Bernadette. Gib, dass wir sie nicht nur vor diesem Bild anrufen, sondern sie auch nachahmen und so treue Zeugen deiner Wahrheit und Liebe werden. Blicke auf ihr heiliges Leben und Sterben und gewähre uns auf ihre Fürsprache Hilfe und Schutz. Darum bitten wir durch Christus, unseren Herrn.

V   Segne + diese Kerzen, die wir zu deinem Lobpreis entzünden. Wie ihr Licht das Dunkel erhellt, so mache unser Leben hell mit deiner Wahrheit. Schenke uns in den Bedrängnissen unseres Lebens Zuversicht und Freude und hilf uns, mit deinem Licht auch das Leben anderer Menschen hell zu machen, der du lebst und herrschest in alle Ewigkeit.

V   Segne + alle, welche diese Abzeichen und Medaillen tragen. Stärke sie in der Treue zu dir und führe sie vor das Antlitz deines himmlischen Vaters, der du lebst und herrschest in alle Ewigkeit.

Segnung der Andachtsgegenstände

Segnung der Andachtsgegenstände

A Amen.

V In der Kraft des Heiligen Geistes bitten wir den Vater im Himmel:

Herr und Gott, schenke allen Menschen dein Erbarmen und deine Liebe.

Gib der Welt deine Gerechtigkeit und deinen Frieden.

Mach uns zu treuen Zeugen deines Sohnes Jesus Christus.

V Lasset uns beten wie der Herr uns zu beten gelehrt hat:

A Vater unser ...

V Herr, du bist gut, und deine Taten sind groß. Erhöre unser Gebet und schenke uns dein Heil. Darum bitten wir durch Christus, unseren Herrn.

A Amen.

Lied:

1. **Wer unterm Schutz des Höchsten steht,** / im Schatten des Allmächtgen geht, / wer auf die Hand des Vaters schaut, / sich seiner Obhut anvertraut, / der spricht zum Herrn voll Zuversicht: / Du meine Hoffnung und mein Licht, / mein Hort, mein lieber Herr und Gott, / dem ich will trauen in der Not.

2. Er weiß, dass Gottes Hand ihn hält, / wo immer ihn Gefahr umstellt; / kein Unheil, das im Finstern schleicht, / kein nächtlich Grauen ihn erreicht. / Denn seinen Engeln Gott befahl, / zu hüten seine Wege all, / dass nicht sein Fuß an einen Stein / anstoße und verletzt mög sein.

3. Denn dies hat Gott uns zugesagt: / Wer an mich glaubt, sei unverzagt, / weil jeder meinen Schutz erfährt; / und wer mich anruft, wird erhört. / Ich will mich zeigen als sein Gott, / ich bin ihm nah in jeder Not; / des Lebens Fülle ist sein Teil, / und schauen wird er einst mein Heil.

(GL 291)

Kinderfröhlichkeit: Auch das ist Lourdes!

Unsere Liebe Frau von Lourdes I

Gott, unser Vater,
unter allen Geschöpfen hast du Maria erwählt,
das vollkommene Geschöpf, die „Unbefleckte Empfängnis".
Hier in Lourdes hat sie ihren Namen gesagt,
und Bernadette hat ihn weiter gesagt.
Die Unbefleckte Empfängnis ist ein Ruf der Hoffnung:
Das Böse, die Sünde und der Tod sind nicht mehr die
Sieger.
Maria, Wegbereiterin, Morgenröte des Heils!
Maria, deine Unschuld ist die Zuflucht der Sünder:
Wir beten zu dir: Gegrüßet seist du Maria ...

Herr Jesus,
du hast uns Maria zur Mutter gegeben.
Sie nimmt teil an deinem Leiden und deiner Auferstehung.

Hier in Lourdes hat sie sich Bernadette gezeigt,
betrübt über unsere Sünden, aber dein Licht ausstrahlend.
Durch sie vertrauen wir dir unsere Freuden und Leiden an,
die unsrigen wie die der Kranken und aller Menschen.
Maria, unsere Schwester und unsere Mutter,
unsere Vertraute und unsere Unterstützung:
Wir beten zu dir: Gegrüßet seist du Maria ...

Heiliger Geist,
du bist der Geist der Liebe und der Einheit.
Hier in Lourdes hat Maria durch Bernadette darum gebeten,
eine Kapelle zu bauen und in Prozessionen zu kommen.
Inspiriere die Kirche, die Christus auf den Glauben Petri gebaut hat:
Versammle sie in der Einheit.
Führe die Kirche auf ihrem Pilgerweg,
damit sie treu und mutig ist.
Maria, du bist vom Heiligen Geist erfüllt,
du bist die Braut und die Magd.
Du bist das Vorbild der Christen und das mütterliche Antlitz der Kirche:
Wir beten zu dir: Gegrüßet seist du Maria ...

Für alle Gnaden, die wir hier empfangen,
für alle Bekehrungen, für alle Vergebungen, für alle Heilungen,
für die Berufungen und Versprechungen, die du hier bekräftigst oder entstehen ließest,
für die Freude am Dienst, die du uns schenkst.
Unsere Liebe Frau von Lourdes, danken wir dir:
Gegrüßet seist du Maria ...

Mit allen unseren Schwestern und Brüdern,
mit den Völkern, die nicht in Frieden und Gerechtigkeit leben,
mit den jungen Menschen, die ihren Weg suchen,
die du dich ganz jung der jungen Bernadette gezeigt
hast,

Fassade der Rosenkranzbasilika: Hochzeit zu Kana und Relief: Maria
mit dem Jesuskind übergeben den Rosenkranz an den heiligen
Dominikus

mit denen, die mit Trauer, mit Krankheit, mit einer
Behinderung oder mit einem Misserfolg leben,
mit denen, die Grund zur Verzweiflung hätten.
Unsere Liebe Frau von Lourdes, beten wir zu dir:
Gegrüßet seist du Maria ...

Weil du das Lächeln Gottes bist,
der Abglanz des Lichtes Christi, die Wohnstätte des
Heiligen Geistes,
weil du Bernadette in ihrem Elend erwählt hast,
weil du der Morgenstern bist, die Pforte des Himmels,
und das erste zu neuem Leben erweckte Geschöpf.
Unsere Liebe Frau von Lourdes, bewundern wir dich,
rufen wir zu dir und preisen mit dir die Wundertaten
Gottes: Gegrüßet seist du Maria ...

Marienlob

Unter deinen Schutz und Schirm / fliehen wir, heilige
Gottesmutter. / Verschmähe nicht unser Gebet in unseren Nöten, / sondern errette uns jederzeit aus allen
Gefahren, / o du glorwürdige und gebenedeite Jungfrau, / unsre Frau, / unsere Mittlerin, / unsere Fürsprecherin. / Führe uns zu deinem Sohne, / empfiehl
uns deinem Sohne, / stelle uns vor deinem Sohne.
(GL 32)

Jungfrau, Mutter Gottes mein,
lass mich ganz dein Eigen sein.
Dein im Leben, dein im Tod,
dein in Unglück, Angst und Not,
dein in Kreuz und bittrem Leid,
dein für Zeit und Ewigkeit.
Jungfrau, Mutter Gottes mein,
lass mich ganz dein Eigen sein.

Mutter, auf dich hoff und bau ich.
Mutter, zu dir ruf und seufze ich,
Mutter, du gütigste, steh mir bei.
Mutter, du mächtigste, Schutz mir leih.
O Mutter, so komm, hilf beten mir.
O Mutter, so komm, hilf streiten mir.
O Mutter, so komm, hilf leiden mir.
O Mutter, so komm, und bleib bei mir.

Du kannst mir ja helfen, o Mächtigste.
Du willst mir ja helfen, o Gütigste.
Du musst mir nun helfen, o Treueste.
Du wirst mir auch helfen, Barmherzigste.

O Mutter der Gnaden, der Christen Hort,
du Zuflucht der Sünder, des Heiligen Port.
Du Hoffnung der Erde, des Himmels Zier,
du Trost der Betrübten, ihr Schutzpanier.

Wer hat je umsonst dein Hilf angefleht?
Wann hast du vergessen ein kindlich Gebet?
Drum ruf ich beharrlich in Kreuz und in Leid:
Maria hilft immer, sie hilft jederzeit.

Ich ruf voll Vertrauen in Leiden und Tod:
Maria hilft immer, in jeglicher Not.
So glaub ich und lebe und sterbe darauf,
Maria hilft mir in den Himmel hinauf.

Marienlob

Lauretanische Litanei

Herr, erbarme Dich.
Christus, erbarme Dich.
Herr, erbarme Dich.
Christus, höre uns.
Christus, erhöre uns.
Gott Vater im Himmel, erbarme Dich unser.
Gott Sohn, Erlöser der Welt,
Gott Heiliger Geist,
Heiliger dreifaltiger Gott,
Heilige Maria, bitte für uns.
Heilige Mutter Gottes,
Heilige Jungfrau,
Mutter Christi,
Mutter der göttlichen Gnade,
Mutter, du Reine,
Mutter, du Keusche,
Mutter ohne Makel,
Mutter, du Vielgeliebte,
Mutter, so wunderbar,
Mutter des guten Rates,
Mutter der schönen Liebe,
Mutter des Schöpfers,
Mutter des Erlösers,
Du kluge Jungfrau,
Jungfrau, von den Völkern gepriesen,
Jungfrau, mächtig zu helfen,
Jungfrau voller Güte,
Jungfrau, du Magd des Herrn,
Du Spiegel der Gerechtigkeit,
Du Sitz der Weisheit,
Du Ursache unserer Freude,
Du Kelch des Geistes,
Du kostbarer Kelch,

Du geheimnisvolle Rose,
Du starker Turm Davids,
Du elfenbeinerner Turm,
Du goldenes Haus,
Du Bundeslade Gottes,
Du Pforte des Himmels,
Du Morgenstern,
Du Heil der Kranken,
Du Zuflucht der Sünder
Du Trost der Betrübten,
Du Hilfe der Christen,
Du Königin der Engel,
Du Königin der Patriarchen,
Du Königin der Propheten,
Du Königin der Apostel,
Du Königin der Märtyrer,
Du Königin der Bekenner,
Du Königin der Jungfrauen,
Du Königin aller Heiligen,
Du Königin, ohne Erbschuld empfangen,
Du Königin, aufgenommen in den Himmel,
Du Königin vom heiligen Rosenkranz,
Du Königin des Friedens,
Lamm Gottes, Du nimmst hinweg die Sünde der Welt;
Herr, verschone uns.
Lamm Gottes, Du nimmst hinweg die Sünde der Welt;
Herr, erhöre uns.
Lamm Gottes, Du nimmst hinweg die Sünde der Welt;
Herr, erbarme Dich.
Lasset uns beten. Gütiger Gott, Du hast allen Menschen Maria zur Mutter gegeben; höre auf ihre Fürsprache; nimm von uns die Traurigkeit dieser Zeit, dereinst aber gib uns die ewige Freude. Durch Christus, unsern Herrn. Amen.
(GL 769)

Maria, die Mutter der Glaubenden

V In den heiligen Schriften begegnen uns immer wieder Zeugen des Glaubens. Auf das Wort des Herrn hin ließen sie ihre eigenen Pläne fallen wie Mose, verließen Haus, Heimat und Vaterland wie Abraham, stellten sich seiner Botschaft zur Verfügung wie die Propheten.

Auch Maria glaubte dem Wort Gottes. Sie ließ Gottes Unbegreiflichkeit an sich geschehen und folgte dem Weg ihres Sohnes bis zum Kreuz. Maria ist unter den Glaubenszeugen die größte. Wir nennen sie Mutter der Glaubenden. –

Heilige Maria, Mutter Gottes, mit Elisabet rufen wir dir zu: Selig bist du, weil du geglaubt hast.

A Selig bist du, weil du geglaubt hast.

V Als der Engel dir die Botschaft brachte, hast du mit bereitem Herzen geantwortet: Ich bin die Magd des Herrn; mir geschehe nach deinem Wort.

A Selig bist du, weil du geglaubt hast.

V Als die Hirten von der Krippe geschieden waren, hast du alles bedacht, was sie von der Botschaft der Engel erzählten, und es in deinem Herzen bewahrt.

A Selig bist du, weil du geglaubt hast.

V In gläubigem Gehorsam hast du die Mühsal der Flucht nach Ägypten auf dich genommen.

A Selig bist du, weil du geglaubt hast.

V Die Jünger haben den Herrn in der Nacht des Leidens verlassen. Allein Johannes stand mit dir und den Frauen unter dem Kreuz.

A Selig bist du, weil du geglaubt hast.

V Nach der Auferstehung und Himmelfahrt des Herrn hast du mit den Aposteln im Gebet verharrt, bis der Geist Gottes der Kirche geschenkt wurde.

A Selig bist du, weil du geglaubt hast.

V Gott, unser Vater, wir danken dir für alle Menschen, die durch das Zeugnis ihres Glaubens unseren Glauben begründet haben und stärken. Wir danken dir vor allem für Maria, die Mutter aller Glaubenden. Wir bitten dich: auf ihre Fürsprache festige und erhalte in uns den Glauben an deine Weisheit und Güte durch Jesus Christus im Heiligen Geist.

A Amen.

Gebete Papst Benedikt XVI.:

V Heilige Maria, Mutter Gottes, vom Heiligen Geist bewegt, hat einst Elisabet dich selig gepriesen als die Gesegnete unter den Frauen, weil dein Glaube

Besuch von Papst Benedikt XVI. in Lourdes im Jahr 2008

dem Herrn die Tür in diese Welt aufgetan hat. Wie du es unter dem Anhauch des gleichen Geistes vorhergesagt hast, preisen dich seither selig alle Geschlechter. Voll Freude treten wir in dieser Stunde ein in den Lobpreis, den der Geist deines Sohnes unseres Herrn Jesus Christus, in allen Generationen erweckt hat.

A Unsere Vorfahren haben dich als ihre Schutzherrin erwählt, / als die Herzogin ihres Landes, / deren mütterliche Güte über aller menschlichen Herrschaft / als Zeichen der neuen, befreienden Herrschaft Jesu Christi steht.

V Die Wege unseres Landes kommen von dir und gehen durch dich zu ihm, der der Weg selber ist. So bitten wir dich in dieser Stunde:

A Sei du die Patronin unseres Landes, / unseres Bistums auch in dieser Zeit. / In dem Streit der Parteien sei du Versöhnung und Friede; / in den Weglosigkeiten unserer offenen Fragen zeige uns den Weg; / die Streitenden versöhne, die Müden erwecke; / gib den Misstrauischen ein offenes Herz, / den Verbitterten Trost, / den Selbstsicheren Demut, / den Ängstlichen Zuversicht, / den Vorwärtsdrängenden Besonnenheit, / den Zaudernden Mut, / uns allen aber die tröstende Zuversicht deines Glaubens.

V Stärke die Leidenden und die Kranken; erleuchte die Regierenden und führe uns zueinander im Frieden des Herrn.

A Schenke uns, zu glauben, wie du geglaubt hast. / Mutter Gottes, Patronin Bayerns, / bitte für uns / jetzt und in der Stunde unseres Todes. Amen.

(Gebet zu Maria, der Schutzfrau Bayerns, an der Mariensäule in München nach seiner Bischofsweihe 1977)

Heilige Maria, Mutter Gottes,
du hast der Welt das wahre Licht geschenkt, Jesus, deinen Sohn, Gottes Sohn.
Du hast dich ganz dem Ruf Gottes überantwortet und bist so zum Quell der Güte geworden, die aus ihm strömt. Zeige uns Jesus, führe uns zu ihm, lehre uns ihn kennen und ihn lieben, damit auch wir selbst wahrhaft Liebende und Quelle lebendigen Wassers werden können inmitten einer dürstenden Welt.
(Deus caritas est)

Benediktsäule

Unsere Liebe Frau von Lourdes II

Maria, du hast dich der Bernadette in der Nische des Felsens gezeigt. In die Kälte und in das Dunkel des Winters hast du die Wärme, das Licht und die Schönheit deiner Gegenwart gebracht.

In die Leere unseres Lebens, das oft so dunkel ist, in die Leere der Welt, wo das Böse mächtig ist, bring Hoffnung, schenk neues Vertrauen!
Du bist die Unbefleckte Empfängnis, komm uns Sündern zu Hilfe. Gib uns die Demut der Umkehr, den Mut der Buße. Lehre uns, für alle Menschen zu beten. Führe uns zu den Quellen des wahren Lebens. Mach uns zu Pilgern in deiner Kirche. Stärke in uns den Hunger nach der Eucharistie, dem Brot für den Weg, das Brot des Lebens.

An dir, Maria, hat der Heilige Geist Großes vollbracht: In seiner Macht hat er dich vor den Vater gestellt, in der Herrlichkeit deines für immer lebenden Sohnes. Schau voll Zärtlichkeit auf die Erbärmlichkeiten unseres Leibes und unserer Herzen. Leuchte für alle, wie ein mildes Licht, im Augenblick des Todes.

Mit Bernadette bitten wir dich, Maria, mit kindlicher Schlichtheit. Lass uns, wie sie, eintreten in den Geist der Seligpreisungen. Dann werden wir beginnen, schon hier die Freuden des Reiches Gottes kennenzulernen und mit dir zu singen: Magnificat!

Ehre sei dir, Jungfrau Maria, du glückliche Dienerin des Herrn, Mutter Gottes, Wohnstatt des Heiligen Geistes! Amen.

Bernadette Gebet

Bernadette, du hast lange danach gesucht, wohin dich der Herr ruft. Du hast gebetet. Du hast gehört. Du hattest Vertrauen. Du warst dir sicher, dass der Herr dir deinen Weg zeigen würde. Du hast dich gänzlich in die Hände Gottes gegeben.
Wie Maria, die dich als Vertraute erwählte, erfülle mich, Bernadette, mit deinem Vertrauen, deiner Großzügigkeit und deiner Geduld.
Herr, zeige mir meinen Weg und gib mir die Kraft, „Ja" zu sagen, wenn ich deine Wünsche an mich erkenne.

Bernadette, du hast dich so sehr nach der Eucharistie gesehnt. Du hast alles dafür getan, den Leib Christi, das Brot des Lebens, zu empfangen. Du hast gerne das Allerheiligste Sakrament angebetet, um dein Leben mit dem Opfer Jesu, dem Retter, zu vereinen.
Wie Maria, die eucharistische Frau, erfülle mich, Bernadette, mit deinem Hunger nach der Eucharistie, die Nahrung, Gegenwart und Opfer der Liebe ist.
Herr, du hast uns deinen Sohn, das lebendige und ewige Brot gegeben. Möge seine Eucharistie mein Leben verwandeln in eine immerwährende Danksagung.

Bernadette, du warst immer gerne für andere da. Am 11. Februar erschien dir die Jungfrau, als du auf der Suche nach Holz warst. Bei den Schwestern im Hospiz lerntest du, für die Kranken und Mitschülerinnen da zu sein. Später in Nevers warst du eine hervorragende Krankenschwester, erfüllt von einer aufmerksamen und klugen Liebe.

Wie Maria, die die Bedürfnisse einer Familie in Kana sah, erfülle mich, Bernadette, mit deiner Großzügigkeit und deinem Glauben, um Christus in seinen leidenden Gliedern zu dienen.

Herr, du hast uns Schwestern und Brüder gegeben, damit wir sie lieben. Hilf uns, unsere Augen, unsere Hände und unsere Herzen für alle zu öffnen, die du uns auf unserem Weg beigesellst.

Bernadette, dein Glaube ist in der Kirche gewachsen. Die Kirche war deine Familie, deine Kirchengemeinde und deine Ordensgemeinschaft. Mutig hast du zu den Priestern gesagt, dass sie eine Prozession organisieren und eine Kapelle bauen sollen. Nachdem deine Aufgabe beendet war, bist du demütig in die Stille gegangen.

Wie Maria, die am Pfingsttag dabei war und danach in die Stille ging, erfülle mich, Bernadette, mit deiner Liebe zur Kirche, damit ich ihr vertraue und ein Baustein dieser Kirche bin.

Herr, du gibst jedem einen Platz in deiner Kirche. Hilf mir, meiner Berufung mit derselben Einfachheit undderselben Großzügigkeit wie Maria und Bernadette zu folgen. Amen.

Lieder der Pilger

Morgenlieder

1. **Alles meinem Gott zu Ehren** / in der Arbeit in der Ruh! / Gottes Lob und Ehr zu mehren, / ich verlang und alles tu. / Meinem Gott nur will ich geben / Leib und Seel, mein ganzes Leben. / Gib, o Jesu, Gnad dazu; / gib, o Jesu, Gnad dazu.
2. Alles meinem Gott zu Ehren, / alle Freude, alles Leid! / Weiß ich doch, Gott wird mich lehren, / was mir dient zur Seligkeit. / Meinem Gott nur will ich leben, seinem Willen mich ergeben. / Hilf, o Jesu, allezeit; / hilf, o Jesu, allezeit!
3. Alles meinem Gott zu Ehren, / dessen Macht die Welt regiert, / der dem Bösen weiß zu wehren, / dass das Gute mächtig wird. / Gott allein wird Frieden schenken, / seines Volkes treu gedenken. / Hilf, o Jesu, guter Hirt; / hilf, o Jesu, guter Hirt.

(GL 615)

1. **Aus meines Herzens Grunde** / sag ich dir Lob und Dank / in dieser Morgenstunde, dazu mein Leben lang, / dir, Gott in deinem Thron zu Lob und Preis und Ehren / durch Christum, unseren Herren, / dein' eingebornen Sohn.
2. Der du mich hast aus Gnaden / in der vergangnen Nacht / vor Gfahr und allem Schaden / behütet und bewacht, / demütig bitt ich dich, / wollst mir mein Sünd vergeben, / womit in diesem Leben / ich hab erzürnet dich.
3. Gott will ich lassen raten, / denn er all Ding vermag. / Er segne meine Taten / an diesem neuen Tag. / Ihm hab ich heimgestellt / mein' Leib, mein Seel, mein Leben und was er sonst gegeben; er mach's wie's ihm gefällt.

(GL 669)

Abendlieder

1. **Von guten Mächten treu und still umgeben**, / behütet und getröstet wunderbar / so will ich diese Tage mit euch leben / und mit euch gehen in ein neues Jahr.

2. Noch will das alte unsre Herzen quälen, / noch drückt uns böser Tage schwere Last. / Ach, Herr, gib unsern aufgescheuchten Seelen / das Heil, das du für uns bereitet hast.

3. Und reichst du uns den schweren Kelch, den bittern / des Leids, gefüllt bis an den höchsten Rand, / so nehmen wir ihn dankbar ohne Zittern / aus deiner guten und geliebten Hand.

4. Doch willst du uns noch einmal Freude schenken / an dieser Welt und ihrer Sonne Glanz, / dann wolln wir des Vergangenen gedenken / und dann gehört dir unser Leben ganz.

5. Lass warm und still die Kerzen heute flammen, / die du in unsre Dunkelheit gebracht. / Führ, wenn es sein kann, wieder uns zusammen. / Wir wissen es: Dein Licht scheint in der Nacht.

6. Von guten Mächten wunderbar geborgen, / erwarten wir getrost, was kommen mag. / Gott ist mit uns am Abend und am Morgen / und ganz gewiss an jedem neuen Tag.

(DT Mü 958)

Herr, bleibe bei uns, / denn es will Abend werden, / und der Tag hat sich geneiget.

(GL 18,8)

Messgesänge, 1. Reihe

1. **Zu Dir, o Gott, erheben wir** / die Seele mit Vertrauen. / Dein Volk erfreuet sich in dir, / wollst gnädig niederschauen. / Lass leuchten, Herr, dein Angesicht, / erfüll uns mit der Gnade Licht / und schenk uns dein Erbarmen.

2. Herr, zeige uns die Wege dein / und lehr uns deine Pfade. / Ganz nahe lass dein Wort uns sein / voll Wahrheit und voll Gnade. / Nimm du hinweg der Sünde Schuld, / mit unsrer Schwachheit hab Geduld / und schenk uns dein Erbarmen.

(GL 462)

Gott in der Höh sei Preis und Ehr, / den Menschen Fried auf Erden. / Allmächtiger Vater, höchster Herr, / du sollst verherrlicht werden. / Herr Jesus Christus, Gottes Sohn, / wir rühmen deinen Namen; / du wohnst mit Gott dem Heilgen Geist / im Licht des Vaters. Amen.

(GL 464)

O Gott, nimm an die Gaben, / die du uns hast verliehn; / nimm alles, was wir haben, / zu deinem Lobe hin. / Bereite Herz und Hände, / dass würdig wir begehn / das Opfer ohne Ende, / das du dir ausersehn.

(GL 468)

Heilig ist Gott in Herrlichkeit; / sein Ruhm erfüllt die Himmel weit. / Lobsinget, jubelt ihm. Hosanna. / Preis ihm, der kommt in unsre Zeit. / Lobsinget, jubelt ihm. Hosanna.

(GL 469)

O Lamm Gottes unschuldig, / am Stamm des Kreuzes geschlachtet, / allzeit erfunden geduldig, / wiewohl du warest verachtet, / all Sünd hast du getragen, / sonst müssten wir verzagen. /

1. Erbarm dich unser, o Jesu. /
2. Gib deinen Frieden, o Jesu.

(GL 470)

1. **O Jesu, / all mein Leben bist du,** ohne dich nur Tod. / Meine Nahrung bist du, ohne dich nur Not. / Meine Freude bist du, ohne dich nur Leid. / Meine Ruhe bist du, ohne dich nur Streit, / o Jesu.
2. O Jesu, / all mein Glaube bist du, Ursprung allen Lichts. / Meine Hoffnung bist du, Heiland des Gerichts. / Meine Liebe bist du, Trost und Seligkeit. / All mein Leben bist du, Gott der Herrlichkeit, / o Jesu.

(GL 472)

1. **Im Frieden dein, o Herre mein,** / lass ziehn mich meine Straßen. / Wie mir dein Mund gegeben kund, / schenkst Gnad du ohne Maßen, / hast mein Gesicht das selge Licht, / den Heiland, schauen lassen.
2. Mir armem Gast bereitet hast / das reiche Mahl der Gnaden. / Das Lebensbrot stillt Hungersnot, / heilt meiner Seele Schaden. / Ob solchem Gut jauchzt Sinn und Mut / mit alln, die du geladen.
3. O Herr, verleih, dass Lieb und Treu / in dir uns all verbinden, / dass Hand und Mund zu jeder Stund / dein Freundlichkeit verkünden, / bis nach der Zeit den Platz bereit / an deinem Tisch wir finden.

(GL 473)

Messgesänge, 2. Reihe

Dir Gott im Himmel Preis und Ehr, / den Menschen Fried auf Erden. / Allmächtger Vater, König, Herr, / du sollst verherrlicht werden. / Herr Christ, Lamm Gottes, erbarme dich; / du bist der Höchste ewiglich / im Reich des Vaters. Amen.
(GL 476)

1. **Wir weihn der Erde Gaben** / dir, Vater, Brot und Wein; / das Opfer hocherhaben / wird Christus selber sein. / Er schenkt dir hin sein Leben, / gehorsam bis zum Tod, / uns Arme zu erheben aus tiefer Schuld und Not.
2. Sieh gnädig auf uns nieder, die wir in Demut nahn; / nimm uns als Christi Brüder mit ihm zum Opfer an. / Lass rein uns vor dir stehen, / von seinem Blut geweiht, / durch Kreuz und Tod eingehen / in deine Herrlichkeit.
(GL 480)

Pilger am Gave

Heilig, heilig, heilig ist Gott, der Herr der Mächte. / Erfüllt sind Himmel und Erde von seiner Herrlichkeit. / Hosanna in der Höhe. / Gebenedeit sei, der da kommt im Namen des Herrn. / Hosanna, hosanna in der Höhe.

(GL 481)

1. **Christe, du Lamm Gottes,** / der du trägst die Sünd der Welt, / erbarm dich unser. (2 Mal)
2. Christe ... gib uns deinen Frieden. Amen.

(GL 482)

1. **O wunderbare Speise** / auf dieser Pilgerreise, / o Manna, Himmelsbrot, / wollst unsern Hunger stillen, / mit Gnaden uns erfüllen, / uns retten vor dem ewgen Tod.
2. Du hast für uns dein Leben, / o Jesu, hingegeben / und gibst dein Fleisch und Blut / zur Speise und zum Tranke. / Wer preist mit würdgem Danke / dies unschätzbare, ewge Gut!
3. „Kommt alle, die auf Erden / von Not bedränget werden", / so spricht dein eigner Mund, / „ich will euch wiedergeben / mit meinem Blut das Leben. / Dies ist der neue, ewge Bund."
4. O Herr, was wir hier schauen / in Glauben und Vertrauen, / das zeige uns im Licht, / und lass es einst geschehen, / dass ewig wir dich sehen von Angesicht zu Angesicht.

(GL 503)

1. **Nun danket all und bringet Ehr,** / ihr Menschen in der Welt, / dem, dessen Lob der Engel Heer / im Himmel stets vermeldt.
2. Ermuntert euch und singt mit Schall / Gott, unserm höchsten Gut, / der seine Wunder überall / und große Dinge tut.

3. Er gebe uns ein fröhlich Herz, / erfrische Geist und Sinn / und werf all Angst, Furcht, Sorg und Schmerz / in Meerestiefen hin.
4. Er lasse seinen Frieden ruhn / auf unserm Volk und Land; / er gebe Glück zu unserm Tun / und Heil zu allem Stand.

(GL 267)

Messgesänge, 3. Reihe

1. **Aus der Tiefe rufen wir zu dir;** / Herr und Vater, aller Vater, / sieh, wir flehn voll Inbrunst hier. / Herr und Vater, aller Vater, / ach, verstoß uns nicht von dir!
2. Willst in Strenge unsre Schuld ansehn, / willst du rächen die Verbrechen: / Herr, wer wird vor dir besteh'n? / Willst du rächen die Verbrechen, / Herr, wir all zugrunde gehn!
3. Nein, Erbarmen ist dein Nam, o Gott! / Überschwänglich, unvergänglich / deine Huld in aller Not. / Überschwänglich, unvergänglich / deine Huld in aller Not.
4. Ja, der Herr ist lauter Gütigkeit, / sich der Armen zu erbarmen, / sie zu retten stets bereit. / Sich der Armen zu erbarmen, / sie zu retten stets bereit.
5. So vertrau denn, Gottes Volk, dem Herrn; / deine Sorgen vor dem Morgen / bis zur Nacht vertrau dem Herrn! / Deine Sorgen vor dem Morgen / bis zur Nacht vertrau dem Herrn!

(DT Mü. 834, Aug. 813, Reg. 820, Ba. 913, Wü. 909)

Fröhlich lasst uns Gott lobsingen, / hocherfreut lasst uns heut ihm Anbetung bringen! / In des Himmels hohe Chöre / stimmet ein: Gott allein, / unserm Gott sei Ehre!

(DT Mü. 814, Reg. 856, Ba. 909)

1. **Nimm an, o Gott, in Gnaden / die Gaben vom Altar!** / Für uns, die schuldbeladen, / bringt sie dein Priester dar. / Empor wie Weihrauch steige / des Opfers Duft zu dir; / dein Antlitz huldvoll neige / zu uns sich für und für!

2. O Herr, in diesen Gaben, / die dankbar wir dir weihn, / lass alles, was wir haben, / vor dir ein Opfer sein! / Nimm unser Tun und Streben, / Gedanken, Herz und Sinn, / nimm unser ganzes Leben, / o Gott, nimm alles hin!

(DT Mü. 817, Reg. 866, Ba. 821)

Heilig, heilig, dreimal heilig / bist du, Herr, Gott Sabaoth! / Erd und Himmel dich lobpreisen / in der Höhe, großer Gott. / Heilig, der in deinem Namen / zu uns kommt; Hosanna, Amen. / Ihm sei Lob und Herrlichkeit, / Preis und Dank in Ewigkeit.

(DT Mü. 820, Aug. 844, Reg. 868, Wü. 805)

O du Lamm Gottes, / das du hinweg nimmst die Sünde der Welt, / erbarme dich unser. (2 Mal)
O du Lamm Gottes, / das du hinweg nimmst die Sünde der Welt, / schenk uns den Frieden.

(DT Reg. 872, Wü. 815)

1. **Wahrer Leib, sei uns gegrüßet,** / den Maria uns gebar. / Du hast unsere Schuld gebüßet, / sterbend auf dem Kreuzaltar. / Blut und Wasser sind geflossen, / als dein Herz durchstochen war; / sei zum Heil von uns genossen / in der Todesstund Gefahr!

2. Göttlich Blut, für uns vergossen, / aus des Heilands Wunden rot! / Du den Himmel hast erschlossen, / uns erlöst vom ewgen Tod. / Herr, der Feind von allen Seiten / mit Gewalt und Arglist

droht; / hilf uns beten, hilf uns streiten, / stärk uns in des Sterbens Not!

(DT Mü. 840, Reg. 878, Ba. 877, Wü. 879)

1. **Gib, Herr, uns deinen Segen,** um den wir zu dir flehn, / dass wir auf deinen Wegen durchs Leben. freudig gehn; / gib, dass wir rein von Sünden einst stehen vor Gericht, / damit wir Gnade finden vor deinem Angesicht.

2. Wir deine Hilf begehren, o reinste aller Fraun; / wollst unser Flehn erhören und gnädig niederschaun. / Hilf siegreich überwinden der Hölle List und Macht, / dass wir den Frieden finden, den uns dein Kind gebracht!

3. Behüte unsre Pfade, Sankt Josef, Schutzpatron; / erfleh uns reiche Gnade von deinem Pflegesohn! / Und wann wir einstens scheiden aus diesem Jammertal, / wollst väterlich uns leiten zum hohen Himmelssaal!

(DT Reg. 917, Ba. 919, Wü. 890)

Messgesänge, 4. Reihe (Schubert-Messe)

1. **Wohin soll ich mich wenden,** / wenn Gram und Schmerz mich drücken? / Wem künd ich mein Entzücken, / wenn freudig pocht mein Herz? / Zu dir, zu dir, o Vater, komm ich in Freud und Leiden; / du sendest ja die Freuden, / du heilest jeden Schmerz.

2. Ach, wenn ich dich nicht hätte, / was wär mir Erd und Himmel? / Ein Bannort jede Stätte, / ich selbst in Zufalls Hand. / Du bist's, der meinen Wegen / ein sichres Ziel verleihet / und Erd' und Himmel weihet / zu süßem Heimatland.

(DT Reg. 842, Ba. 830)

1. **Ehre, Ehre sei Gott in der Höhe!** / singet der himmlischen selige Schar. / Ehre, Ehre sei Gott in der Höhe! / stammeln auch wir, die die Erde gebar. / Staunen nur kann ich und staunend mich freun; / Vater der Welten, doch stimm ich mit ein: / Ehre sei Gott in der Höhe!

2. Ehre, Ehre sei Gott in der Höhe! / kündet der Sterne strahlendes Heer. / Ehre, Ehre sei Gott in der Höhe! / säuseln die Lüfte, brauset das Meer. / Feiernder Wesen unendlicher Chor / jubelt im ewigen Danklied empor: / Ehre sei Gott in der Höhe!

(DT Mü. 815, Reg. 843, Ba. 831)

1. **Du gabst, o Herr, mir Sein und Leben** / und deiner Lehre himmlisch Licht. / Was kann dafür ich Staub dir geben? / [:Nur danken kann ich, mehr doch nicht.:]

2. Wohl mir! Du willst für deine Liebe / ja nichts als wieder Lieb' allein; / und Liebe, dankerfüllte Liebe / [:soll meines Lebens Wonne sein.:]

3. Mich selbst, o Herr, mein Tun und Denken / und Leid und Freude opfr' ich dir. / Herr, nimm durch deines Sohnes Opfer / [:dies Herzensopfer auch von mir!:]

(DT Reg. 845, Ba. 833)

1. **Heilig, heilig, heilig, heilig ist der Herr!** / Heilig, heilig, heilig, heilig ist nur er! / Er, der nie begonnen, er, der immer war, / ewig ist und waltet, sein wird immerdar.

2. Heilig, heilig, heilig, heilig ist der Herr! / Heilig, heilig, heilig, heilig ist nur er! / Allmacht, Wunder, Liebe, alles rings umher! / Heilig, heilig, heilig, heilig ist der Herr!

(DT Mü. 818, Reg. 846, Aug. 845, Ba. 834)

1. **Mein Heiland, Herr und Meister!** / Dein Mund so segenreich / sprach einst das Wort des Heiles: / »Der Friede sei mit euch!« / O Lamm, das opfernd tilgte / der Menschheit schwere Schuld, / send uns auch deinen Frieden / durch deine Gnad' und Huld!

2. Mein Heiland, Herr und Meister, / o sprich erbarmungsreich / zu uns das Wort des Heiles: / „Der Friede sei mit euch!" / Send uns den Himmelsfrieden, den nie die Erde gibt, / der nur dem Herzen winket, das rein und treu dich liebt!

(DT Reg. 847, Ba. 835)

Gotteslob und Gottvertrauen

1. **Den Herren will ich loben,** / es jauchzt in Gott mein Geist; / denn er hat mich erhoben, dass man mich selig preist. / An mir und meinem Stamme / hat Großes er vollbracht, / und heilig ist sein Name, / gewaltig seine Macht.

2. Barmherzig ist er allen, / die ihm in Ehrfurcht nahn; / die Stolzen lässt er fallen, / die Schwachen nimmt er an. / Es werden satt aufstehen, / die arm und hungrig sind; / die Reichen müssen gehen, / ihr Gut verweht im Wind.

3. Jetzt hat er sein Erbarmen / an Israel vollbracht, / sein Volk mit mächtgen Armen / gehoben aus der Nacht. / Der uns das Heil verheißen, / hat eingelöst sein Wort. / Drum werden ihn lobpreisen / die Völker fort und fort.

(GL 261)

1. **Eine große Stadt ersteht,** / die vom Himmel niedergeht / in die Erdenzeit. / Mond und Sonne braucht sie nicht; / Jesus Christus ist ihre Licht, / ihre Herrlichkeit.

2. Lass und durch dein Tor herein / und in dir geboren sein, / dass uns Gott erkennt. / Lass herein die draußen sind; / Gott heißt jeden Sohn und Kind, / der dich Mutter nennt.

3. Dank dem Vater, der uns zieht / durch den Geist, der in dir glüht; / Dank sei Jesus Christ, / der durch seines Kreuzes Kraft / uns zum Gottesvolk erschafft, / das unsterblich ist.

(GL 642)

1. **Ein Haus voll Glorie schauet** / weit über alle Land, / aus ewgem Stein erbauet / von Gottes Meisterhand. / Gott, wir loben dich, / Gott, wir preisen dich. / O lass im Hause dein / uns all geborgen sein.

2. Auf Zion hoch gegründet / steht Gottes heilge Stadt, / dass sie der Welt verkündet, / was Gott gesprochen hat. / Herr, wir rühmen dich, / wir bekennen dich; / denn du hast uns bestellt / zu Zeugen in der Welt.

3. Die Kirche ist erbauet / auf Jesus Christ allein. / Wenn sie auf ihn nur schauet, / wird sie im Frieden sein. / Herr, dich preisen wir, / auf dich bauen wir; / lass fest auf diesem Grund / uns stehn zu aller Stund.

4. Seht Gottes Zelt auf Erden! / Verborgen ist er da; / in menschlichen Gebärden / bleibt er den Menschen nah. / Herr, wir danken dir, / wir vertrauen dir; / in Drangsal mach uns frei / und steh im Kampf uns bei.

5. Sein wandernd Volk will leiten / der Herr in dieser Zeit; / er hält am Ziel der Zeiten / dort ihm sein Haus bereit. / Gott, wir loben dich, / Gott, wir preisen dich. / O lass im Hause dein / uns all geborgen sein.

(GL 639)

1. **Erde, singe,** / dass es klinge, / laut und stark dein Jubellied! / Himmel alle, / singt zum Schalle / dieses Liedes jauchzend mit! / Singt ein Loblied eurem Meister! / Preist ihn laut, ihr Himmelsgeister! / Was er schuf, was er gebaut, / preis ihn laut!

2. Kreaturen / auf den Fluren, / huldigt ihm mit Jubelruf! / Ihr im Meere, / preist die Ehre / dessen,

der aus nichts euch schuf! / Was auf Erden ist und lebet, / was in hohen Lüften schwebet, / lob ihn! Er haucht ja allein / Leben ein.

3. Jauchzt und singet, / dass es klinget, / laut ein allgemeines Lied! / Wesen alle, / singt zum Schalle / dieses Liedes jubelnd mit! / Singt ein Danklied eurem Meister, / preist ihn laut, ihr Himmelsgeister! / Was er schuf, was er gebaut, / preis ihn laut!

(DT Mü. 852, Aug. 827, Reg. 832, Ba. 907, Wü. 808, Eich. 853)

1. **Erhöre, Herr, erhöre mich,** / und steh mir bei barmherziglich / in allen meinen Nöten! / Wenn noch so tief mein Herz betrübt, / du bist's, der ihm den Frieden gibt, drum will ich zu dir beten.

2. Ich ruf dich, wann die Sonn aufgeht, / wann mitten sie am Himmel steht, / und wann sie abgegangen. / Mein Flehen steigt zu dir empor, / du neigst zu mir dein gnädig Ohr, / verscheuchst des Herzens Bangen.

3. Wann ich nur hoff auf dich allein, / so wirst du Trost und Schild mir sein, / wirst allzeit für mich sorgen. / In aller Trübsal und Gefahr / bleibst du mein Zuflucht immerdar, / bei dir bin ich geborgen.

(DT Mü. 853, Reg. 914, Ba. 915, Wü. 809)

1. **Gott ruft sein Volk zusammen** / rings auf dem Erdenrund, / eint uns in Christi Namen / zu einem neuen Bund. / Wir sind des Herrn Gemeinde / und feiern seinen Tod. / In uns lebt, der uns einte; / er bricht mit uns das Brot.

2. In göttlichem Erbarmen / liebt Christus alle gleich; / die Reichen und die Armen / beruft er in sein

Reich. / Als Schwestern und als Brüder / sind wir uns nicht mehr fern; / ein Leib und viele Glieder / in Christus, unserm Herrn.

3. Neu schafft des Geistes Wehen / das Angesicht der Welt / und lässt ein Volk erstehen, / das er sich auserwählt. / Hilf, Gott, dass einig werde / dein Volk in dieser Zeit: / ein Hirt und eine Herde, / vereint in Ewigkeit.

(GL 640)

1. **Großer Gott,** wir loben dich; / Herr, wir preisen deine Stärke. / Vor dir neigt die Erde sich / und bewundert deine Werke. / Wie du warst vor aller Zeit, / so bleibst du in Ewigkeit.

2. Alles, was dich preisen kann, / Cherubim und Serafinen / stimmen dir ein Loblied an; / alle Engel, die dir dienen, / rufen dir stets ohne Ruh / „Heilig, heilig, heilig" zu.

3. Heilig, Herr Gott Zebaot! / Heilig, Herr der Himmelsheere! / Starker Helfer in der Not! / Himmel, Erde, Luft und Meere / sind erfüllt von deinem Ruhm; / alles ist dein Eigentum.

4. Der Apostel heilger Chor, / der Propheten hehre Menge / schickt zu deinem Thron empor / neue Lob und Dankgesänge. / Der Blutzeugen lichte Schar / lobt und preist dich immerdar.

5. Dich, Gott Vater auf dem Thron, / loben Große, loben Kleine. / Deinem eingebornen Sohn / singt die heilige Gemeinde, / und sie ehrt den Heilgen Geist, / der uns seinen Trost erweist.

6. Herr, erbarm, erbarme dich. / Lass uns deine Güte schauen; / deine Treue zeige sich, / wie wir fest auf dich vertrauen. / Auf dich hoffen wir allein: / lass uns nicht verloren sein.

9. Sieh dein Volk in Gnaden an. / Hilf uns, segne,

Herr, dein Erbe; / leit es auf der rechten Bahn, / dass der Feind es nicht verderbe. / Führe es durch diese Zeit, / nimm es auf in Ewigkeit.

10. Alle Tage wollen wir / dich und deinen Namen preisen / und zu allen Zeiten dir / Ehre, Lob und Dank erweisen. / Rett aus Sünden, rett aus Tod, / sei uns gnädig, Herre Gott!

(GL 257)

1. **Lobe den Herren,** den mächtigen König der Ehren; / lob ihn, o Seele, vereint mit den himmlischen Chören. / Kommet zuhauf, / Psalter und Harfe, wacht auf, / lasset den Lobgesang hören.

2. Lobe den Herren, der alles so herrlich regieret, / der dich auf Adelers Fittichen sicher geführt, / der dich erhält, / wie es dir selber gefällt. / Hast du nicht dieses verspüret?

3. Lobe den Herren, der künstlich und fein dich bereitet, / der dir Gesundheit verliehen, dich freundlich geleitet. / In wieviel Not / hat nicht der gnädige Gott / über dir Flügel gebreitet!

4. Lobe den Herren, was in mir ist, lobe den Namen. / Lob ihn mit allen, die seine Verheißung bekamen. / Er ist dein Licht; / Seele, vergiss es ja nicht. / Lob ihn in Ewigkeit. Amen.

(GL 258)

1. **Nun danket alle Gott** / mit Herzen, Mund und Händen, / der große Dinge tut / an uns und allen Enden, / der uns von Mutterleib / und Kindesbeinen an / unzählig viel zugut / bis hieher hat getan.

2. Der ewigreiche Gott / woll uns in unserm Leben / ein immer fröhlich Herz / und edlen Frieden geben / und uns in seiner Gnad / erhalten fort und fort / und uns aus aller Not / erlösen hier und dort.

3. Lob, Ehr und Preis sei Gott / dem Vater und dem Sohne / und Gott dem Heilgen Geist / im höchsten Himmelsthrone, / ihm, dem dreieingen Gott, / wie es im Anfang war / und ist und bleiben wird / so jetzt und immerdar.
(GL 266)

1. **Sonne der Gerechtigkeit** / gehe auf zu unserer Zeit / brich in deiner Kirche an, / dass die Welt es sehen kann. / Erbarm dich, Herr.

2. Weck die tote Christenheit / aus dem Schlaf der Sicherheit, / dass sie deine Stimme hört, / sich zu deinem Wort gekehrt. / Erbarm dich, Herr.

3. Schaue die Zertrennung an, / der sonst niemand

wehren kann; / sammle, großer Menschenhirt, / alles, was sich hat verirrt. / Erbarm dich, Herr.

4. Tu der Völker Türen auf; / deines Himmelreiches Lauf / hemme keine Licht noch Macht. / Schaffe Licht in dunkler Nacht. / Erbarm dich, Herr.

5. Gib den Boten Kraft und Mut, / Glauben, Hoffnung, Liebesglut, / und lass reiche Frucht aufgehn, / wo sie unter Tränen sä'n. / Erbarm dich, Herr.

6. Lass uns deine Herrlichkeit / sehen auch in dieser Zeit / und mit unsrer kleinen Kraft / suchen, was den Frieden schafft. / Erbarm dich, Herr.

7. Lass uns eins sein, Jesu Christ, / wie du mit dem Vater bist, / in dir bleiben allezeit / heute wie in Ewigkeit. / Erbarm dich, Herr.

(GL 644)

1. **Was Gott tut, das ist wohlgetan,** / es bleibt gerecht sein Wille; / wie er fängt seine Sachen an, / will ich ihm halten stille. / Er ist mein Gott, der in der Not / mich wohl weiß zu erhalten; / drum lass ich ihn nur walten.

2. Was Gott tut, das ist wohlgetan; / er wird mich nicht betrügen. / Er führet mich auf rechter Bahn, / so lass ich mir genügen / an seiner Huld und hab Geduld; / er wird mein Unglück wenden, / es steht in seinen Händen.

3. Was Gott tut, das ist wohlgetan; / er ist mein Licht und Leben, / der mir nichts Böses gönnen kann; / ich will mich ihm ergeben / in Freud und Leid. Es kommt die Zeit, / da öffentlich erscheinet, / wie treulich er es meinet.

4. Was Gott tut, das ist wohlgetan; / dabei will ich verbleiben. / Es mag mich auf die rauhe Bahn / Not, Tod und Elend treiben, / so wird Gott mich ganz

väterlich / in seinen Armen halten; / drum lass ich ihn nur walten.

(GL 294)

1. **Wohl denen, die da wandeln** / vor Gott in Heiligkeit, / nach seinem Worte handeln / und leben allezeit. / Die recht von Herzen suchen Gott / und seiner Weisung folgen, / sind stets bei ihm in Gnad.

2. Lehr mich den Weg zum Leben, / führ mich nach deinem Wort, / so will ich Zeugnis geben / von dir, mein Heil und Hort. / Durch deinen Geist, Herr, stärke mich, / dass ich dein Wort festhalte, / von Herzen fürchte dich.

3. Dein Wort, Herr, nicht vergehet; / es bleibet ewiglich, / so weit der Himmel gehet, / der stets beweget sich. / Dein Wahrheit bleibt zu aller Zeit / gleichwie der Grund der Erde, / durch deine Hand bereit't.

(GL 614)

Christuslieder

1. **Das Heil der Welt, Herr Jesus Christ,** / wahrhaftig hier zugegen ist; / im Sakrament das höchste Gut / verborgen ist mit Fleisch und Blut.

2. Hier ist das wahre Osterlamm, / das für uns starb am Kreuzesstamm; / es nimmt hinweg der Sünden Schuld / und schenkt uns wieder Gottes Huld.

3. Das wahre Manna, das ist hie, / davor der Himmel beugt die Knie; / hier ist das rechte Himmelsbrot, / das wendet unsres Hungers Not.

4. O was für Lieb, Herr Jesus Christ, / den Menschen hier erwiesen ist! / Wer die genießt in dieser Zeit, / wird leben in all Ewigkeit.

(GL 547)

1. **Deinem Heiland, deinem Lehrer,** / deinem Hirten und Ernährer, / Sion, stimm ein Loblied an! / Preis nach Kräften seine Würde, / da kein Lobspruch, keine Zierde / seiner Größe gleichen kann.

2. Dieses Brot sollst du erheben, / welches lebt und gibt das Leben, / das man heut den Christen weist: / dieses Brot, mit dem im Saale / Christus bei dem Abendmahle / die zwölf Jünger selbst gespeist.

3. Was von Jesus dort geschehen, / wollen wir wie er begehen, / um zu feiern seinen Tod; / uns zum Heile, ihm zur Ehre / weihen wir nach seiner Lehre / nun zum Opfer Wein und Brot.

4. Doch nach unsers Glaubens Lehren / ist das Brot, das wir verehren, / Christi Leib, sein Blut der Wein / was dem Auge sich entziehet, / dem Verstande selbst entfliehet, / sieht der feste Glaube ein.

5. Guter Hirt, du wahre Speise, / Jesus, stärk uns auf der Reise / bis in deines Vaters Reich; / nähr uns hier im Jammertale, / ruf uns dort zum Hochzeitsmahle, / mach uns deinen Heilgen gleich.

(DT Mü. 843, Ba. 870)

1. **Gelobt seist du, Herr Jesu Christ,** / ein König aller Ehren; / dein Reich ohn alle Grenzen ist, / ohn Ende muss es währen. / Christkönig, Halleluja, Halleluja.

2. Das All durchtönt ein mächtger Ruf: / „Christ A und O der Welten!"/ Das Wort, das sie zu Anfang schuf, / wird bis ans Ende gelten. / Christkönig, Halleluja, Halleluja.

3. Auch jeder Menschenseele Los / fällt, Herr, von deinen Händen, / und was da birgt der Zeiten Schoß, / du lenkst es aller Enden. / Christkönig, Halleluja, Halleluja.

4. O sei uns nah mit deinem Licht, / mit deiner reichen Gnade, / und wenn du kommst zu dem Gericht, / Christ, in dein Reich uns lade. / Christkönig, Halleluja, Halleluja.

(GL 560)

1. **O Haupt voll Blut und Wunden,** / voll Schmerz und voller Hohn, / o Haupt, zum Spott gebunden / mit einer Dornenkron, / o Haupt, sonst schön gekrönet / mit höchster Ehr und Zier, / jetzt aber frech verhöhnet: / gegrüßet seist du mir.

2. Du edles Angesichte, / vor dem sonst alle Welt / erzittert im Gerichte, / wie bist du so entstellt. / Wie bist du so erbleichet, / wer hat dein Augenlicht, / dem sonst ein Licht nicht gleichet, / so schändlich zugericht't.

3. Was du, Herr, hast erduldet, / ist alles meine Last; / ich, ich hab es verschuldet, / was du getragen hast. / Schau her, hier steh ich Armer, / der Zorn verdienet hat; / gib mir, o mein Erbarmer, / den Anblick deiner Gnad.

4. Ich danke dir von Herzen, / o Jesu, liebster Freund, / für deines Todes Schmerzen, / da du's so gut gemeint. / Ach gib, dass ich mich halte / zu dir und deiner Treu / und, wenn ich einst erkalte, / in dir mein Ende sei.

(GL 179)

1. **Schönster Herr Jesu, Herrscher aller Herren,** / Gottes und Marien Sohn, / dich will ich lieben, dich will ich ehren, / meiner Seele Freud und Kron.

2. Alle die Schönheit Himmels und der Erden / ist gefasst in dir allein. / Keiner soll immer lieber mir werden / als du, liebster Jesu mein.

3. Schön ist das Mondlicht, schöner ist die Sonne, / schön sind auch die Sterne all. / Jesus ist feiner, Jesus ist reiner / als die Engel allzumal.

4. Schön sind die Blumen, schöner sind die Menschen / in der frischen Jugendzeit; / sie müssen sterben, müssen verderben, / Jesus bleibt in Ewigkeit.

5. Schönster Herr Jesu, bei uns gegenwärtig / durch dein Wort und Sakrament, / Jesu, dich bitt ich: Herr, sei uns gnädig / jetzt und auch am letzten End.

(GL 551)

Lieder zum Heiligen Geist

1. **Der Geist des Herrn erfüllt das All** / mit Sturm und Feuersgluten; / er krönt mit Jubel Berg und Tal, / er lässt die Wasser fluten. / Ganz überströmt von Glanz und Licht / erhebt die Schöpfung ihr Gesicht, / frohlockend: Halleluja.

2. Der Geist des Herrn erweckt den Geist / in Sehern und Propheten, / der das Erbarmen Gottes weist / und Heil in tiefsten Nöten. / Seht, aus der Nacht Verheißung blüht; / die Hoffnung hebt sich wie ein Lied / und jubelt: Halleluja.

3. Der Geist des Herrn treibt Gottes Sohn, / die Erde zu erlösen; / er stirbt, erhöht am Kreuzesthron, / und bricht die Macht des Bösen. / Als Sieger fährt er jauchzend heim / und ruft den Geist, dass jeder Keim / aufbreche: Halleluja.

4. Der Geist des Herrn durchweht die Welt / gewaltig und unbändig; / wohin sein Feueratem fällt, / wird Gottes Reich lebendig. / Da schreitet Christus durch die Zeit / in seiner Kirche Pilgerkleid, / Gott lobend: Halleluja.

(GL 249)

1. **Komm, Heilger Geist, der Leben schafft,** / erfülle uns mit deiner Kraft. / Dein Schöpferwort rief uns zum Sein: / nun hauch uns Gottes Odem ein.

2. Komm, Tröster, der die Herzen lenkt, / du Beistand, den der Vater schenkt; / aus dir strömt Leben, Licht und Glut, / du gibst uns Schwachen Kraft und Mut.

3. Dich sendet Gottes Allmacht aus / im Feuer und in Sturmes Braus; / du öffnest uns den stummen Mund / und machst der Welt die Wahrheit kund.

4. Entflamme Sinne und Gemüt, / dass Liebe unser Herz durchglüht / und unser schwaches Fleisch und Blut / in deiner Kraft das Gute tut.

5. Die Macht des Bösen banne weit, / schenk deinen Frieden allezeit. / Erhalte uns auf rechter Bahn, / dass Unheil uns nicht schaden kann.

6. Lass gläubig uns den Vater sehn, / sein Ebenbild, den Sohn, verstehn / und dir vertraun, der uns durchdringt / und uns das Leben Gottes bringt.

Mit Maria zu Jesus

7. Den Vater auf dem ewgen Thron / und seinen auferstandnen Sohn, / dich, Odem Gottes, Heilger Geist, / auf ewig Erd und Himmel preist. / Amen.

(GL 241)

1. **Komm, Schöpfer Geist**, kehr bei uns ein, / besuch das Herz der Kinder dein: / die deine Macht erschaffen hat, / erfülle nun mit deiner Gnad.

2. Der du der Tröster wirst genannt, / vom höchsten Gott ein Gnadenpfand, / du Lebensbrunn, Licht, Lieb und Glut, / der Seele Salbung, höchstes Gut.

3. O Schatz, der siebenfältig ziert, / o Finger Gottes, der uns führt, / Geschenk, vom Vater zugesagt, / du, der die Zungen reden macht.

4. Zünd an in uns des Lichtes Schein, / gieß Liebe in die Herzen ein, / stärk unsres Leibs Gebrechlichkeit / mit deiner Kraft zu jeder Zeit.

5. Treib weit von uns des Feinds Gewalt, / in deinem Frieden uns erhalt, / dass wir, geführt von deinem Licht, / in Sünd und Elend fallen nicht.

6. Den Vater auf dem ewgen Thron / lehr uns erkennen und den Sohn; / dich, beider Geist, sei'n wir bereit / zu preisen gläubig alle Zeit.

(GL 245)

Marienlieder

1. **Ave Maria,** du bringst uns, was Eva verloren, / hast durch dein Ja-Wort die Wende der Zeiten beschworen. / Selige Frau, / Gnade strömt nieder wie Tau: / Mutter der Kirche, Maria!

2. Sei uns gegrüßt, die das Heilswerk des Sohnes umfangen, / an seiner Seite den Weg bis zum

Ende gegangen. / In seinem Tod / sind wir geboren für Gott: / Mutter der Kirche, Maria!

3. Sei uns gegrüßt, die inmitten der Jünger verharrte, / bis sich in Feuer und Sturmwind der Geist offenbarte. / Stunde voll Licht, da die Erfüllung anbricht: / Mutter der Kirche, Maria!

4. Sei uns gegrüßt, unser Beistand am Throne der Gnaden! / Tritt für uns ein, die wir mühselig sind und beladen. / Pilger sind wir, / weis uns zur Heimat die Tür: / Mutter der Kirche, Maria!

5. Sei uns gegrüßt, du Gesegnete unter den Frauen, / Zeichen der Hoffnung, zu dem wir Verlorne hinschauen. / Bitt Gott, den Herrn! / Er wird Vollendung gewähr'n: / Mutter der Kirche, Maria!

(Melodie GL 258: „Lobe den Herren, den mächtigen König Text: Pfr. Edwin Erhard 2005)

1. **Ave Maria zart,** du edler Rosengart, lilienweiß, ganz ohne Schaden, / ich grüße dich zur Stund mit Gabrielis Mund: Ave, die du bist voller Gnaden.

2. Du hast des Höchsten Sohn, Maria rein und schön, in deinem keuschen Schoß getragen, / den Heiland Jesus Christ, der unser Retter ist aus aller Sünd und allem Schaden.

3. Denn nach dem Sündenfall wir warn verstoßen all und sollten ewig sein verloren. / Da hast du, reine Magd, wie dir vorhergesagt, uns Gottes Sohn zum Heil geboren.

(GL 583)

1. **Christi Mutter stand mit Schmerzen** / bei dem Kreuz und weint' von Herzen, / als ihr lieber Sohn da hing. / Durch die Seele voller Trauer, / schneidend unter Todesschauer / jetzt das Schwert des Leidens ging.

2. Welch ein Schmerz der Auserkornen, / da sie sah den Eingebornen, / wie er mit dem Tode rang. / Angst und Jammer, Qual und Bangen, / alles Leid hielt sie umfangen, / das nur je ein Herz durchdrang.

3. Ach, für seiner Brüder Schulden / sah sie ihn die Marter dulden, / Geißeln, Dornen, Spott und Hohn, / sah ihn trostlos und verlassen / an dem blutgen Kreuz erblassen, / ihren lieben einzgen Sohn.

4. Drücke deines Sohnes Wunden, / wie du selber sie empfunden, / heilge Mutter, in mein Herz. / Dass ich weiß, was ich verschuldet, / was dein Sohn für mich erduldet, / gib mir teil an deinem Schmerz.

5. Christus, lass bei meinem Sterben / mich mit deiner Mutter erben / Sieg und Preis nach letztem Streit. / Wenn der Leib dann sinkt zur Erde, / gib mir, dass ich teilhaft werde / deiner selgen Herrlichkeit.

(GL 584)

1. **Der Engel des Herrn** aus Gottes Macht / hat Maria die Botschaft gebracht: / Sie soll die Mutter Gottes sein / und bleiben eine Jungfrau rein.

2. Maria sprach: „Ich bin noch rein / und will die Magd des Herren sein. / Dein Wille, o Herr, geschehe an mir, / mein Herz, o Gott, das schenk ich dir!"

3. Das heilige Wort, das Fleisch g'worden ist, / es wird genannt Herr Jesu Christ! / Dein bitteres Leid, o großer Gott, / das stärke mich in meinem Tod.

4. Herr Jesu Christ, hab noch eine Bitt, / verlass die armen Seelen nit / und führe sie aus ihrer Pein / zu dir in deinen Himmel ein!

(DT Mü. 961, Aug. 976, Pa. 920, Reg. 946,)

1. **Freu dich, du Himmelskönigin,** / Freu dich, Maria! / Freu dich, das Leid ist all dahin. Halleluja. / Bitt Gott für uns, Maria.

2. Den du zu tragen würdig warst, / Freu dich, Maria! / Der Heiland lebt, den du gebarst. Halleluja. / Bitt Gott für uns, Maria.

3. Er ist erstanden von dem Tod, / Freu dich, Maria! / Wie er gesagt, der wahre Gott. Halleluja. Bitt Gott für uns, Maria.

4. Bitt Gott für uns, so wird's geschehn, / Freu dich, Maria! / Dass wir mit Christus auferstehn. Halleluja. / Bitt Gott für uns, Maria.

(GL 576)

1. **Gegrüßet seist du, Königin,** / o Maria, / erhabne Frau und Herrscherin, o Maria! / R: Freut euch, ihr Cherubim, / lobsingt, ihr Seraphim, / grüßet eure Königin: / Salve, salve, / salve, Regina!

2. O Mutter der Barmherzigkeit, – du unsres Lebens Süßigkeit, –

3. Du unsre Hoffnung, sei gegrüßt, – die du der Sünder Zuflucht bist, –

4. Wir Kinder Evas schrein zu dir, – aus Tod und Elend rufen wir, –

5. O mächtige Fürsprecherin, – bei Gott sei unsre Helferin, –

6. Dein mildes Auge zu uns wend, – und zeig uns Jesus nach dem End, –

(GL 573)

V **Hell strahlen unsre Kerzen hier,**
A O Maria!
V Sie bringen Lob und Ehre dir,
A O Maria!

Marienlieder

V Mutter und Königin, Gottesgebärerin, unsre Frau und Mittlerin
A Salve, Salve, Salve Regina!

V Dies Heiligtum ist dir geweiht,
A O Maria!
V Wir grüßen dich hier allezeit.
A O Maria!
V Du bist an Gnaden reich, dein Herz ist gut und weich, mach die Welt zu Gottes Reich.
A Salve, Salve, Salve Regina!

V Die Wallfahrt und die Lebenszeit,
A O Maria!
V Gebet und Tun sind dir geweiht,
A O Maria!
V Hör unsre Lieder hier, denn wir vertrauen dir und zu Gott uns alle führ!
A Salve, Salve, Salve Regina!

V Dereinst an unsrem Lebensend,
A O Maria!

Pilgerreise nach Lourdes mit dem Sonderzug

V Bring' uns in Gottes gute Händ',
A O Maria!
V Bei dir und unsrem Gott, da endet alle Not, führ zum Leben uns im Tod!
A Salve, Salve, Salve Regina!
(Melodie: GL 573: Gegrüßet seist du Königin Text: Pfr. Edwin Erhard 2005)

1. **Lasst uns erfreuen herzlich sehr,** Halleluja, / Maria seufzt und weint nicht mehr. Halleluja. / Verschwunden sind die Nebel all, Halleluja, / jetzt glänzt der lieben Sonne Strahl, Halleluja. / Halleluja, Halleluja, Halleluja.

2. Wo ist, o freudenreiches Herz, Halleluja, / wo ist dein Weh, wo ist dein Schmerz? Halleluja. / Wie wohl ist dir, o Herz, wie wohl, Halleluja, / nun bist du aller Freuden voll. Halleluja. / Halleluja, Halleluja, Halleluja.

3. Sag an, Maria, Jungfrau rein, Halleluja, / kommt das nicht von dem Sohne dein? Halleluja. / Ach ja, dein Sohn erstanden ist, Halleluja, / kein Wunder, dass du fröhlich bist. Halleluja. / Halleluja, Halleluja, Halleluja.

4. Aus seinen Wunden fließen her, Halleluja, / fünf Freudenseen, fünf Freudenmeer. Halleluja. / Die Freud sich über dich ergoss, Halleluja, / und durch dein Herz die Freude floss, Halleluja. / Halleluja, Halleluja, Halleluja.

5. Dein Herz nun ganz in Freuden schwimmt, Halleluja, und zu und zu die Freude nimmt. Halleluja. / Ach, nun vergiss auch unser nit, Halleluja, / und teil auch uns ein Tröpflein mit, Halleluja. / Halleluja, Halleluja, Halleluja.

(GL 585)

Marienlieder

1. **Maria, breit den Mantel aus**, / mach Schirm und Schild für uns daraus; / lass uns darunter sicher stehn, / bis alle Stürm vorübergehn. / Patronin voller Güte, / uns allezeit behüte.

2. Dein Mantel ist sehr weit und breit, / er deckt die ganze Christenheit, / er deckt die weite, weite Welt, / ist aller Zuflucht und Gezelt. –

3. Maria, hilf der Christenheit, / dein Hilf erzeig uns allezeit; / komm uns zu Hilf in allem Streit, / verjag die Feind all von uns weit. –

4. O Mutter der Barmherzigkeit, / den Mantel über uns ausbreit; / uns all darunter wohl bewahr / zu jeder Zeit in aller G'fahr. –

(GL 595)

1. **Maria, dich lieben ist allzeit mein Sinn;** / dir wurde die Fülle der Gnaden verliehn: / du Jungfrau, auf dich hat der Geist sich gesenkt; / du Mutter hast uns den Erlöser geschenkt.

2. Dein Herz war der Liebe des Höchsten geweiht; / du warst für die Botschaft des Engels bereit. / Du sprachst: „Mir geschehe, wie du es gesagt. / Dem Herrn will ich dienen, ich bin seine Magd."

3. Du Frau aus dem Volke, von Gott ausersehn, / dem Heiland auf Erden zur Seite zu stehn, / kennst Arbeit und Sorge ums tägliche Brot, / die Mühsal des Lebens in Armut und Not.

4. Du hast unterm Kreuze auf Jesus geschaut, / er hat dir den Jünger als Sohn anvertraut. / Du Mutter der Schmerzen, o mach uns bereit, / bei Jesus zu stehen im Kreuz und in Leid.

5. Du Mutter der Gnaden, o reich uns die Hand / auf all unsern Wegen durchs irdische Land. / Hilf uns, deinen Kindern, in Not und Gefahr; / mach allen, die suchen, den Sohn offenbar.

6. Von Gott über Engel und Menschen gestellt, / erfleh uns das Heil und den Frieden der Welt. / Du Freude der Erde, du himmlische Zier: / du bist voll der Gnade, der Herr ist mit dir.

(GL 594)

1. **Meerstern, ich dich grüße!** / O Maria, hilf! / Gottesmutter süße! / O Maria, hilf! / Maria, hilf uns allen / aus unsrer tiefen Not!
2. Rose ohne Dornen. – / Du von Gott erkoren! –
3. Lilie ohnegleichen. – / Dir selbst Engel weichen! –
4. Quelle aller Freuden. – / Trösterin im Leiden! –
5. Hoch auf deinem Throne – / aller Jungfraun Krone! –
6. Gib ein reines Leben, – / sichre Reis daneben! –
7. Dich als Mutter zeige, – / gnädig uns zuneige! –
8. Nimm uns in die Hände, – / uns das Licht zuwende! –
9. Hilf uns Christus flehen, – / fröhlich vor ihm stehen! –

(DT Mü. 857, Aug. 880, Reg. 907, Ba. 889, Eich. 864)

V / A	**„Mutter Gottes, wir rufen zu dir"**
V	Dich loben die Chöre der Engel.
A	Maria, wir rufen zu dir!
V	Dich loben die Heiligen Gottes.
V	Du Mutter des Herrn und Erlösers
V	Du Tempel des Heiligen Geistes
V / A	Mutter Gottes, wir rufen zu dir
V	Dich loben die Menschen auf Erden
V	Begleite all unsere Wege
V	Du kennst unsere Fragen und Sorgen
V	Du wurdest die Dienerin aller
V / A	Mutter Gottes, wir rufen zu dir!

Marienlieder

V	Du Mutter der göttlichen Gnade
V	Du Urbild und Mutter der Kirche
V	Du Mutter des gläubigen Volkes
V	Du hilfreiche Mutter der Gnade
V / A	Mutter Gottes, wir rufen zu dir
V	Du bist ja die Mutter des Lebens
V	Du hast uns den Heiland geboren
V	Du hast ihn gelehrt und erzogen
V	Du gabst ihm den Schutz einer Familie
V / A	Mutter Gottes, wir rufen zu dir!
V	Du Mutter der selbstlosen Liebe
V	Du hast ja für alle Verständnis
V	Maria, du Hilfe der Kranken
V	Maria, du Zuflucht in Ängsten
V / A	Mutter Gottes wir rufen zu dir!
V	Du Mutter des ewigen Heiles
V	Du Mutter des guten Rates
V	Du Mutter des tröstenden Wortes
V	Du Zuflucht und Trost für uns Sünder
V / A	Mutter Gottes wir rufen zu dir!
V	Du unsere Hoffnung auf Frieden
V	Die Streitenden führe zusammen
V	Erbitte den Frieden der Völker
V	Du unsere Hoffnung auf Frieden
V / A	Mutter Gottes wir rufen zu dir!
V	Du Urbild und Mutter der Kirche
V	Sei nahe dem Heiligen Vater
V	Dem Bischof inmitten der Seinen
V	Begleite das Wirken der Priester
V	Bewahr' uns in Treue zur Kirche
V	Du Hilfe und Vorbild der Christen
V	Schenk unsern Familien Frieden
V	Hilf allen, die zweifeln und suchen

V   Erflehe die Einheit der Christen
V / A   Mutter Gottes wir rufen zu dir!

1. **Nun, Brüder, sind wir frohgemut,** / so will es Gott gefallen! / Die Seelen singen uns im Blut; / nun soll ein Lob erschallen! / Wir grüßen dich in deinem Haus, / du Mutter aller Gnaden. / Nun breite deine Hände aus, / dann wird kein Feind uns schaden.

2. Es lobt das Licht und das Gestein / gar herrlich dich mit Schweigen. / Der Sonne Glanz, des Mondes Schein / will deine Wunder zeigen. / Wir aber kommen aus der Zeit / ganz arm in deine Helle / und tragen Sünde, tragen Leid / zu deiner Gnadenquelle.

3. Wir zünden froh die Kerzen an, / dass sie sich still verbrennen, / und lösen diesen dunklen Bann, / dass wir dein Bild erkennen. / Du Mutter und du Königin, / der alles hingegeben, / das Ende und der Anbeginn, / die Liebe und das Leben.

4. Lass deine Lichter hell und gut / an allen Straßen brennen! / Gib allen Herzen rechten Mut, / dass sie ihr Ziel erkennen! / Und führe uns in alle Zeit / mit deinen guten Händen, / um Gottes große Herrlichkeit / in Demut zu vollenden.

(DT Mü. 856, Reg. 899, Ba. 891, Wü. 895, Eich. 865)

1. **Rosenkranzkönigin, Jungfrau voll Gnade,** / lehre uns wandeln stets himmlische Pfade; / freudig erheben wir / unser Gebet zu dir, / Jungfrau, Jungfrau voll Gnade!

2. Rosenkranzkönigin, Mutter, du Reine, / gib, dass dir unser Herz ähnlich erscheine; / schirme uns allezeit / treulich in Kampf und Streit, / Mutter, Mutter, du Reine!

Marienlieder

3. Rosenkranzkönigin, Fürstin, du hehre, / bitte bei deinem Sohn, dass er gewähre, / was von dem Himmel kommt / und uns zum Heile frommt, / Fürstin, Fürstin, du hehre!

(DT Mü. 859, Reg. 909)

1. **Sagt an, wer ist doch diese,** / die vor dem Tag aufgeht, / die überm Paradiese / als Morgenröte steht? / Sie kommt hervor aus Fernen, / geziert mit Mond und Sternen, / im Sonnenglanz erhöht.

2. Sie ist die edle Rose, / ganz schön und auserwählt, / die Magd, die makellose, / die sich der Herr vermählt. / O eilet, sie zu schauen, / die schönste aller Frauen, / die Freude aller Welt.

3. Du strahlst im Glanz der Sonne, / Maria, hell und rein; / von deinem lieben Sohne / kommt all das Leuchten dein. / Durch diesen Glanz der Gnaden / sind wir aus Todes Schatten / kommen zum wahren Schein.

(GL 588)

1. **Segne du, Maria**, segne mich, dein Kind, / dass ich hier den Frieden, dort den Himmel find! / Segne all mein Denken, segne all mein Tun, / |: lass in deinem Segen Tag und Nacht mich ruhn! :|

2. Segne du, Maria, alle, die mir lieb, / deinen Muttersegen ihnen täglich gib! / Deine Mutterhände breit auf alle aus, / |: segne alle Herzen, segne jedes Haus! :|

3. Segne du, Maria, Mutter Gottes mein, / lass mich hier auf Erden dir befohlen sein. / Führe mich zu Jesus, deinem Sohne hin, / dass in seiner Liebe ich geborgen bin, / dass in seiner Liebe ich geborgen bin.

4. Segne du, Maria, jeden, der da ringt, / der in Angst und Schmerzen dir ein Ave bringt! / Reich ihm deine Hände, dass er nicht erliegt, / |: lass er mutig streite, dass er endlich siegt! :|

5. Segne du, Maria, unsre letzte Stund! / Süße Trosteworte flüstre dann dein Mund! / Deine Hand, die linde, drück das Aug uns zu, / |: bleib im Tod und Leben unser Segen du! :|

(DT Reg. 906, Ba. 893, Wü. 896)

1. **Sei gegrüßt, du Gnadenreiche**, / in des Himmels Herrlichkeit! / Sei gegrüßt, du Engelgleiche, / aus dem Tale dieser Zeit!

2. Gnade ist dein ganzes Wesen, / gnadenvoll ist deine Hand. / Alles wird zum Heil genesen, / wenn es deine Güte fand.

3. Du hast uns das Licht geboren, / die Erlösung und das Heil. / Was vor Zeiten wir verloren, / ward uns neu durch dich zuteil.

4. Alles hast du einst empfangen, / was noch nie ein Mensch empfing. / Durch das Leid bist du gegangen, / wie noch keine Mutter ging.

5. Lass von deinem hohen Bilde / uns ein ferner Abglanz sein, / im Vertraun auf deine Milde / und erhellt von deinem Schein.

6. Bitte für uns, wenn die Sünde / uns in ihrem Banne hält, / dass die Seele heimwärts finde / aus der Fremde dieser Welt.

(DT Reg. 908, Ba. 894, Eich. 862, Pa. 936)

Quellenverzeichnis

Nach Vorlage von Radspieler W., Lourdes. Pilgerwege

Lieder und Gebete nach Gotteslob (mit Diözesanteilen der bayerischen Diözesen):

GL 32; 179; 220; 241; 245; 249; 257; 258; 261; 266; 267; 291; 294; 462; 464; 468; 469; 470; 472; 473; 474; 476; 480; 481; 482; 503; 541 / 542; 547; 551; 560; 573; 576; 583; 584; 585; 588; 595; 594; 614; 615; 616; 639; 640; 642; 644; 669; 741;

Diözesanteil: Mü 814 (Reg. 856, Ba 909); Mü. 815 (Reg. 843, Ba. 831); Mü. 817 (Reg. 866, Ba. 821); Mü. 818 (Reg. 846, Aug. 845, Ba. 834) Mü. 820 (Aug. 844, Reg. 868, Wü. 805); Mü. 823; Mü. 834 (Aug. 813, Reg. 820, Ba. 913, Wü. 909); Mü. 840 (Reg. 878, Ba. 877, Wü. 879); Mü. 843 (Ba. 870); Mü. 848; Mü. 958; Mü. 852 (Aug. 827, Reg. 832, Ba. 907, Wü 808, Eich. 853); Mü. 853 (Reg. 914, Ba. 915, Wü. 809); Mü. 856 (Reg. 899, Ba. 891, Wü. 895, Eich. 865); Mü. 857 (Aug. 880, Reg. 907, Ba. 889, Euch. 864); Mü. 859 (Reg. 909); Mü. 961 (Aug. 976, Pa. 920, Reg. 946);Reg. 842 (Ba. 830); Reg. 845 (Ba. 833); Reg. 847 (Ba. 835); Reg. 868 (Wü. 805); Reg. 872 (Wü. 815); Reg. 906 (Ba. 893, Wü. 896); Reg. 908 (Ba. 894, Eich. 862, Pa. 936); Reg. 917 (Ba. 919, Wü. 890)

Liturgische Texte nach den liturgischen Büchern der Ständigen Kommission für die Herausgabe der gemeinsamen liturgischen Büchern im deutschen Sprachgebiet (Messbuch und Benediktionale)

Zitate entnommen aus:
Lourdes Magazine. Monatszeitschrift der Wallfahrtsstätte von Lourdes, Oeuvre de la Grotte. 1997 (1. Ausgabe) – März / April 2009 (Ausgabe 165).

Fürbitten zu den Zeichen von Lourdes: nach den liturgischen Hinweisen für das Jahr 2009 (Oeuvre de la Grotte)
Fürbitten zur Messe ULF von Lourdes: Pfarrer Hermann Würdinger München

Nach Vorgaben angepasst: (Oeuvre de la Grotte)
Ave Maria von Lourdes und Maria im Heilsplan Gottes
Wasserweg
Jubiläumsweg
Gewissenserforschung
Gebete, Rosenkranztexte und Nachtlitanei

Bibelzitate nach der deutschen Einheitsübersetzung
Texterweiterungen zu „Maria im Heilsplan Gottes": Pfr. Edwin Erhard, Würzburg und Pilgerbuch zur Militärwallfahrt 2008 (hrsg. Katholisches Militärbischofsamt, Berlin 2008 für die Internationale Soldatenwallfahrt)

Bei Texten ohne Herkunftsangabe, konnte diese trotz Nachforschungen nicht geklärt werden